clave

Boris Cyrulnik nació en Burdeos en 1937 en el seno de una familia judía de origen ruso. Sus padres fueron víctimas del nazismo y murieron en un campo de concentración cuando él todavía era un niño. Esta experiencia traumática lo empujó a convertirse en neuropsiquiatra y a ahondar en el estudio de los traumas infantiles. Es autor de obras de gran éxito, entre las que destacan *Los patitos feos*, *Morirse de vergüenza* y *Sálvate, la vida te espera*. Actualmente dirige un equipo de investigación en un hospital de Toulon y es director de estudios en la universidad de esa misma ciudad.

Sálvate, la vida te espera

BORIS CYRULNIK

Traducción de
Maria Pons Irazazábal

DEBOLS!LLO

Papel certificado por el Forest Stewardship Council®

Título original: *Sauve-toi, la vie t'appelle*

Primera edición en Debolsillo: septiembre de 2022

Diseño de la cubierta: Penguin Random House Grupo Editorial / Nora Grosse
Imagen de la cubierta: © Ramin Hossaini / www.ramin-hossaini.com

Printed in Spain – Impreso en España

ISBN: 978-84-9062-240-7
Depósito legal: B-9.738-2022

Compuesto en Fotocomposición 2000, S. A.

Impreso en Novoprint
Sant Andreu de la Barca (Barcelona)

P 6 2 2 4 0 7

A Florence,
por todos los momentos
de felicidad que ha hecho posibles.

A mis hijos, a mis nietos,
por el afecto y las aventuras
que llenan de magia nuestras vidas.

A mis amigos,
para conocernos mejor.

Índice

1

La guerra a los seis años

He nacido dos veces.

La primera vez no estaba allí. Mi cuerpo vino al mundo el 26 de julio de 1937 en Burdeos. Me lo han contado, y estoy obligado a creerlo ya que no guardo ningún recuerdo.

Mi segundo nacimiento está grabado en mi memoria. Una noche fui arrestado por unos hombres armados que rodeaban mi cama. Venían a buscarme para matarme. Mi historia nace aquella noche.

La detención

A los seis años, la palabra «muerte» todavía no tiene su significado. Hay que esperar uno o dos años para que la representación del tiempo dé paso a la idea de una parada definitiva, irreversible.

Cuando madame Farges dijo: «Si le dejan vivir, no le diremos que es judío», sentí un gran interés. De modo que esos hombres querían que yo no viviera. Esta frase me permitía entender por qué me habían apuntado con el revólver cuando me despertaron: linterna en una mano, revólver en la otra, sombrero de fieltro, gafas oscuras, cuello del gabán levantado, ¡qué escena tan sorprendente! De modo que es así como se vestía uno cuando quería matar a un niño.

Estaba intrigado por el comportamiento de madame Farges, que, en camisón, amontonaba mi ropa en una pequeña maleta. Fue entonces cuando dijo: «Si le dejan vivir, no le diremos que es judío». Yo no sabía en qué consistía ser judío, pero me acababa de enterar de que bastaba no decirlo para que te permitieran vivir. ¡Fácil!

Un hombre que parecía ser el jefe respondió: «Hay que hacer desaparecer a esos niños, de lo contrario se convertirán en enemigos de Hitler». Así que estaba condenado a muerte por un crimen que cometería en el futuro.

El hombre que nació en mí aquella noche fijó en mi alma esta puesta en escena: revólveres para matarme, gafas oscuras por la noche, soldados alemanes con el fusil al hombro en el pasillo y, sobre todo, esa enigmática frase que revelaba mi condición de futuro criminal.

Concluí de inmediato que los adultos no eran serios y que la vida era apasionante.

No me creerán si les digo que tardé mucho en descubrir que aquella noche increíble yo tenía seis años y medio. Tuve que recurrir a referencias sociales para saber que aquel acontecimiento había tenido lugar el 10 de enero de 1944, fecha de la redada de los judíos bordeleses. Para ese segundo nacimiento, necesité la aportación de hitos externos a mi memoria[1] para poder comprender qué había sucedido.

El año pasado la RCF, una radio cristiana, me invitó a ir a Burdeos para participar en un programa literario. Al acompañarme a la salida, la periodista me indicó: «Coja la primera calle a la derecha y al final verá la parada del tranvía que le llevará a la place des Quinconces, en el centro de la ciudad».

Hacía buen tiempo, el programa había sido agradable, me sentía relajado. De pronto, me sorprendió la aparición súbita de una serie de imágenes que me iban dominando: la noche, la calle, el cordón de soldados alemanes armados, los camiones entoldados aparcados a lo largo de las aceras y el coche negro en el que me introdujeron a empellones.

Hacía buen tiempo, me estaban esperando en la librería Mollat para otra entrevista. ¿Por qué ese repentino retorno de un pasado lejano?

Al llegar a la parada leí lo siguiente grabado en la piedra blanca de un gran edificio: «Hôpital des Enfants Malades». Inmediatamente recordé la prohibición de Margot, la hija de madame Farges: «No vayas a la calle del Hôpital des Enfants Malades, hay mucha gente, podrían denunciarte».

Estupefacto, volví sobre mis pasos y descubrí que acababa de cruzar la rue Adrien-Baysselance. Había pasado por delante de la casa de madame Farges sin darme cuenta. No había vuelto a verla desde 1944, pero un indicio, la hierba entre los adoquines separados o el estilo de las escaleras, había activado en mi memoria el retorno del escenario de mi detención.

Incluso cuando todo va bien, basta un indicio para reavivar un rastro del pasado. La vida diaria, las relaciones, los proyectos sepultan el drama en la memoria, pero a la menor evocación —la hierba entre los adoquines, una escalera mal construida— puede surgir un recuerdo. Nada se borra, simplemente creemos haber olvidado.

En enero de 1944, yo no sabía que debería vivir con esta historia. De acuerdo, no soy el único que ha pasado por la experiencia de una muerte inminente: «Yo viví la muerte, se convirtió en una experiencia de mi vida...»,[2] pero a los seis años todo deja huella. La muerte se graba en la memoria y se convierte en un nuevo organizador del desarrollo.

La muerte de mis padres no fue para mí un hecho memorable. Estaban allí, y luego dejaron de estarlo. No conservo la huella de su muerte, pero su desaparición me marcó.[3] ¿Cómo se puede vivir con ellos y luego, de repente, sin ellos? No se trata de un sufrimiento; en el desierto no se sufre, sencillamente se muere.

Conservo recuerdos muy nítidos de mi vida familiar antes de la guerra. Empezaba apenas la aventura de la palabra, puesto que tenía dos años, y sin embargo todavía guardo recuerdos de imágenes. Me acuerdo de mi padre leyendo el periódico apoyado en la mesa de la cocina. Me acuerdo del carbón amontonado en medio de la habitación. Me acuerdo de los vecinos del rellano, a cuya casa acudía a admirar la carne que se asaba en el horno. Recuerdo la flecha de goma que mi tío Jacques, de catorce años, me disparó en la frente. Recuerdo que grité con todas mis fuerzas para que le castigaran. Recuerdo que la paciencia de mi madre se agotaba esperando que me pusiera los zapatos yo solo. Recuerdo los grandes barcos en los muelles de Burdeos. Recuerdo a los hombres que desembarcaban sobre sus espaldas enormes racimos de plátanos y recuerdo otras mil escenas sin palabras que, todavía hoy, estructuran mi representación de antes de la guerra.

Un día, mi padre llegó a casa vestido de uniforme y me sentí muy orgulloso. Según los archivos, se había alistado en el «Regimiento de marcha de voluntarios extranjeros», tropa compuesta por judíos extranjeros y republicanos españoles. Combatieron en Soissons y sufrieron enormes bajas.[4] En aquella época, no podía saberlo. Hoy diría que estaba orgulloso de tener un padre soldado, pero que no me gustaba su gorra, cuyas dos puntas me parecían ridículas. Yo tenía dos años: ¿realmente lo viví o lo he visto en una fotografía después de la guerra?

El encadenamiento de los acontecimientos da sentido a este hecho.

Primera escena: el ejército alemán desfila por una gran avenida cerca de la rue de la Rousselle. Es imponente. El ritmo de los soldados marcando perfectamente el paso produce una impresión de poder que me fascina. La música abre la marcha y unos grandes tambores situados a ambos costados de un caballo marcan el compás con un estruendo maravilloso. Un caballo resbala y se cae, los soldados lo levantan, se restablece el orden. Es una representación espléndida. Me extraña que a mi alrededor algunos adultos estén llorando.

Segunda escena: estamos en correos con mi madre. Los soldados alemanes se pasean por la ciudad en pequeños grupos, sin armas, sin gorra, incluso sin cinto. Me parece que tienen un aspecto menos guerrero. Un soldado busca en los bolsillos y me tiende un puñado de caramelos. Mi madre me los arrebata con violencia y se los devuelve al soldado insultándole. Admiro a mi madre y lo siento por los caramelos. Mi madre me dice: «No hay que hablar nunca con un alemán».

Tercera escena: mi padre está de permiso. Paseamos por los muelles del Garona. Mis padres se sientan en un banco; yo juego con una pelota que rueda hacia otro banco, donde están sentados dos soldados. Uno de ellos recoge la pelota y me la tiende. Primero la rechazo, pero como está sonriendo, la acepto.

Poco después mi padre regresó al ejército. Mi madre no volvería a verlo. Mi memoria se aletargó.

Mis recuerdos regresarían más tarde, cuando Margot fue a buscarme a la Asistencia. Mis padres habían desaparecido. Entonces recuerdo que hablé con esos soldados a pesar de la prohibición, y ese encadenamiento de recuerdos me llevó a pensar que, si mis padres estaban muertos, era porque en la conversación se me debió de escapar nuestra dirección.

Cómo puede explicarse un niño la desaparición de sus padres, si no sabe que existen leyes antisemitas y que la única causa posible es la transgresión de la prohibición: «No hay que hablar con los alemanes». El encadenamiento de esos fragmentos de memoria es lo que da coherencia a la representación del pasado. Ordenando unos pocos recuerdos dispersos, saqué la conclusión de que habían muerto por mi culpa.

En una quimera todo es verdadero: el vientre es de un toro, las alas de un águila y la cabeza de un león. Sin embargo, ese animal no existe. O, mejor dicho, solo existe en la representación. Todas las imágenes almacenadas son verdaderas. Lo que organiza los recuerdos para convertirlos en una historia es el hecho de recomponerlos. Cada acontecimiento grabado en la memoria constituye un elemento de la quimera de uno mismo.

Solo acumulaba recuerdos cuando había vida a mi alrededor. Mi memoria se extinguió cuando mi madre se extinguió. Sin embargo, en el parvulario de la rue Pas-Saint-Georges vivíamos intensamente. Margot Farges, la maestra, representaba con sus pequeños actores de tres años la fábula de *El cuervo y el zorro*. Todavía recuerdo la perplejidad que me causaba el verso: «El señor cuervo sobre un árbol posado...». Me preguntaba cómo se podía posar un árbol y poner en él un cuervo, pero eso no me impedía entregarme en cuerpo y alma a mi papel de señor cuervo.

Estaba especialmente indignado porque había dos niñas que se llamaban Françoise. Cada niño, creía yo, ha de ser designado con un nombre que no se parezca en nada a otro. Me parecía que poner el mismo nombre a varias niñas era una desconsideración hacia su personalidad. ¡Empezaba mi formación psicoanalítica!

En casa, una no-vida aletargaba nuestras almas. En aquella época, cuando los hombres se alistaban en el ejército, las mujeres solo podían contar con la familia. En 1940 no había ayudas sociales. Ahora bien, la familia parisina de mi madre había desaparecido. Una hermana menor, Jeannette, de quince años, también desapareció. No había rastro de detención, ni de redada, nada, de repente dejó de estar allí. «Desaparecida» es la palabra.

Tampoco había ninguna posibilidad de trabajar, estaba prohibido. Conservo un vago recuerdo de mi madre vendiendo objetos de la casa en un banco de la calle.

Tengo una enorme laguna en la memoria entre 1940 y 1942. Ignoraba las fechas y durante mucho tiempo me hice un lío con la representación del tiempo. «Tenía dos años cuando fui detenido... no, es imposible, debía de tener ocho años... no, la guerra ya había terminado.» Ciertas imágenes de una precisión sorprendente persistían en mi memoria incapaz de situarlas en el tiempo.

Hace poco me enteré de que mi madre me llevó a la Asistencia pública la víspera de su detención, el 18 de julio de 1942. No tengo ganas de comprobarlo. Alguien debió de avisarla. Jamás pensé que me hubiera abandonado. Me llevó allí para salvarme. Luego regresó a casa, sola, a un piso vacío, sin marido, sin hijo. Fue detenida por la mañana. No siento deseos de pensar en ello.

Debí de permanecer un año en la Asistencia, no lo sé. No guardo ningún recuerdo. Mi memoria retornó el día en que Margot vino a buscarme. Para ganarse mi confianza, había traído una caja de terrones de azúcar y me los iba dando regularmente, hasta el momento en que dejó de hacerlo diciendo: «Se acabó». Creo que fue en un vagón procedente de no sé dónde que se dirigía a Burdeos.

Con la familia de Margot mi memoria cobró vida. Monsieur Farges, inspector de educación, amenazaba con «montar en cólera». Yo hacía ver que estaba impresionado. Madame Farges le reprochaba a su hija: «Podrías habernos avisado de que ibas a buscar a este niño a la Asistencia».

Suzanne, la hermana de Margot, profesora en Bayona, me enseñaba a leer las horas en el gran reloj del salón y a comer como un gato, me decía, a suaves lametazos, y no como un perro que se lo traga todo de golpe. Creo que le dije que no estaba de acuerdo.

Los Farges celebraban extrañas reuniones en torno a un gran aparato de radio por el que se oía: «Las uvas todavía están verdes… repito… las uvas todavía están verdes», o: «El osito ha enviado un regalo a la mariposa… repito…». Una especie de pitido impedía a veces entender bien estas palabras. No sabía que a eso lo llamaban Radio Londres, pero me parecía poco serio reunirse en torno a un aparato de radio para escuchar con tanta solemnidad frases divertidas.

En aquella familia me habían asignado algunas misiones: cuidar un trocito de jardín, ayudar a limpiar el gallinero e ir a buscar la leche que distribuían en una puerta cochera, cerca del hospital des Enfants Malades. Con estas actividades pasaba el tiempo, hasta que un día madame Farges dijo: «A partir de ahora te llamarás Jean Bordes. ¡Repite!».

Probablemente lo repetí, pero no entendía por qué debía cambiar de nombre. Una mujer que a veces iba a ayudar a madame Farges en los trabajos de la casa me explicó amablemente: «Si dices tu nombre, morirás. Y los que te quieren morirán por tu culpa».

Los domingos, Camille, el hermano de Margot, se sumaba a la mesa familiar. En cuanto aparecía, todos reían. Un día se presentó vestido de scout con un joven acompañante. Ese amigo, educado, reservado, con el pelo rizado como un cordero, se mantenía en segundo plano y sonreía cuando Camille hacía reír a su familia llamándome «el pequeño abordo», y preguntándome: «¿Qué abordas, Jean?».*

Nunca he conseguido acordarme del nombre bajo el que me ocultaba: ¿Bordes?... ¿Laborde? Nunca lo he sabido. Mucho más tarde, cuando era residente de neurocirugía en el hospital de La Pitié, en París, había un joven médico que se llamaba Bordes. Estuve a punto de decirle que su nombre era el mismo con el que me había ocultado durante la guerra. Pero luego me callé. «¿Tal vez era Laborde?», pensé. Además, ¡tendría que haber dado tantas explicaciones!

Dos años después de la Liberación, cuando en la escuela me devolvieron mi nombre, tuve la constatación de que la guerra había terminado.

Mi tía Dora, la hermana de mi madre, me había recogido. El país estaba de fiesta. Los norteamericanos marcaban la pauta. Eran jóvenes y delgados y, en cuanto aparecían, la alegría entraba con ellos en las casas. Sus carcajadas, su acento divertido, sus relatos de viajes y sus proyectos de vida me fascinaban. Aquellos hombres repartían chicles y organizaban orquestas de jazz. A las mujeres lo que más les interesaba eran las medias de nailon sin costura y los cigarrillos Lucky Strike. Un joven norteamericano que llevaba unas gafitas redondas decidió que Boris no era un nombre adecuado, que sonaba demasiado a ruso. Me llamó Bob. Ese nombre aportaba luz, significaba «retorno a la libertad». Todos aplaudieron y yo lo acepté encantado.

Hasta que fui estudiante de medicina no quise que me llamaran Boris. En aquel momento tuve la impresión de que ese nom-

* Juego de palabras con el nombre Jean Bordes y la primera persona del verbo francés aborder, «j'aborde». *(N. de la T.)*

bre podía ser pronunciado lejos de los oídos de Dora, sin riesgo de herirla. Para ella seguía siendo el nombre del peligro, mientras que Bob era el del renacimiento, de la fiesta con los norteamericanos, nuestros libertadores. Entre los jirones de mi familia todavía seguía escondido, pero lejos de ellos podía convertirme en yo mismo y hacer que me representaran tal como era, con mi verdadero nombre.

Después de la visita de los dos scouts, la vida también se apagó en casa de Margot. Una noche me despertaron gritos y luces. Monsieur Farges había muerto mientras dormía. Madame Farges se tornó sombría, Suzanne se iba a dar clases a Bayona y Margot desaparecía el lunes por la mañana para ocupar su plaza de maestra en Lannemezan, me parece. La casa se volvió silenciosa, sin movimiento, sin radio divertida, sin visitas. Fue suficiente con que me llamara Bordes (¿o Laborde?) para no poder ir más a buscar la leche; era peligroso, corría el riesgo de que me denunciaran… ¿Denunciarme?

Un día se presentó una señora que no conocía. «Te llevará a ver a tu padre», dijo Margot. ¿Mi padre? Creía que había desaparecido. Ni alegría ni pena, estaba aletargado. Aquel mundo no tenía coherencia. La mujer llevaba sobre el pecho izquierdo una estrella de tela amarilla, brillante, ribeteada de negro, que me parecía muy bonita. Margot dijo señalando la estrella: «¿Qué va a hacer con esto?». «Me las apañaré», respondió la mujer.

El viaje transcurrió en silencio, un largo trayecto monótono hasta llegar al campo de Mérignac. Al ver que se acercaban los soldados que vigilaban la entrada del campo, la mujer desplegó el chal y lo sujetó con un imperdible al abrigo para ocultar la estrella. Mostró unos papeles y nos dirigimos hacia un campamento de barracones. Allí me estaba esperando un hombre, sentado sobre una cama de madera. Apenas reconocí a mi padre. Lógicamente, debió de pronunciar algunas palabras. Nos marchamos.

Mucho tiempo después de acabar la guerra, recibí su cruz de guerra, con un certificado firmado por el general Huntziger: «Valiente soldado... herido frente a Soissons». Por esa razón mi padre permaneció sentado. Había sido detenido en la cama del hospital, por orden de la prefectura, y conducido al campo de Mérignac, desde el que dirigían a los prisioneros a Drancy, y luego a Auschwitz.

Al día siguiente oí cómo Margot explicaba en voz baja que, al llegar a su casa, a la farmacéutica (ese era el oficio de la señora) la esperaba la Gestapo. Saltó por la ventana.

Hablar era peligroso, porque te exponías a morir. Callar era angustioso, porque no se sabía de dónde venía la amenaza, cuyo peso se sentía. ¿Quién iba a denunciarme? ¿Cómo podía protegerme? Pensé que sería responsable de la muerte de los Farges, porque eran amables conmigo.

La casa se tornó sombría y muda. No hubo vida en ella durante meses. Yo tenía seis años, no sabía leer ni escribir, no había radio, ni música, ni compañeros, ni palabras. Daba vueltas alrededor de la mesa del salón, donde permanecía encerrado. El mareo me tranquilizaba y me proporcionaba una curiosa sensación de vida. Cuando me sentía cansado por haber estado dando vueltas mucho tiempo, me estiraba sobre el sofá y me lamía las rodillas. Cuando en 1993 estuve en Bucarest con Médicos del Mundo, observé el mismo comportamiento autocentrado en los niños abandonados y aislados sensorialmente.

Quizá por eso viví mi detención como una fiesta. ¡El retorno a la vida! No me asustaban los cordones de soldados ni los camiones alineados que cerraban el paso a la rue Adrien-Baysselance. Hoy, en cambio, esta situación me parece pintoresca: ¡un ejército para detener a un niño!

Lo que más me impresionó fue que dentro del coche al que me habían empujado había un hombre llorando. Me fascinaba su nuez de Adán por su prominencia y movimiento.

Delante de la sinagoga nos colocaron en fila. En cuanto cruzamos el umbral, nos dirigieron hacia dos mesas. Un oficial calzado con botas de cuero y con las piernas separadas estaba de pie entre ambas, como en una mala película. Creo recordar que nos orientaba hacia una u otra mesa con una varilla. ¿Qué significaba esta elección? Oí que decían: «Hay que decir que estás enfermo. Nos dirigirá a la mesa donde te apuntan para ir al hospital». «De ningún modo. Hay que decir que estás sano para que te envíen al STO,[5] y trabajar en Alemania», decían otros.

Al cruzar el umbral, vi detrás de la mesa de la fila de la izquierda al scout de pelo rizado como un cordero, el amigo de Camille. Me aparté de la fila para dirigirme hacia él. En cuanto me vio, dio un respingo, la silla cayó al suelo y salió dando grandes zancadas.

Entonces supe que era él quien me había denunciado.

Desobedecer para escaparse

La sinagoga estaba abarrotada. Recuerdo que había gente en el suelo, amontonada contra la pared para dejar caminos de paso. Recuerdo a una mujer gorda que buscaba a los niños para reunirlos sobre una manta tendida en el suelo. Hoy me digo que desconfié de aquella mujer y de su manta. ¿Realmente era esto lo que sentí aquella noche de enero de 1944? Sobre aquella manta, algunos niños intentaban dormir. A su lado, sobre un par de sillas, había unas cajas de cartón que contenían leche condensada. Lo sé porque me la dieron. Recuerdo que pedí uno o dos botes y luego fui a sentarme con ese tesoro en un sillón rojo bastante apartado, apoyado contra una pared.

De vez en cuando se abría la puerta, y la luz y el frío entraban junto con una cohorte de recién llegados. Se apuntaban en una de las dos mesas y luego buscaban un rincón para sentarse. Nos despertaban regularmente para que formáramos una cola entre dos filas de alambradas, en medio de la sinagoga. Había que dar el nombre y a cambio te entregaban un bol de café muy caliente. Un adulto me reclamaba el café cada vez.

Un soldado con un uniforme negro se sentó junto a mí. Me enseñó la fotografía de un niño de mi edad, tal vez su hijo. Al comentar la fotografía, aquel hombre me dio a entender que me parecía al niño. Se marchó sin una sonrisa. ¿Por qué conservo un recuerdo tan claro de esa escena? ¿Porque la extrañeza la fijó en mi memoria? ¿Porque todavía tengo la impresión de que es importante? Para no vivir en el miedo, ¿necesitaba pensar que incluso entre los perseguidores había un ápice de humanidad?

Ya no iba a buscar los botes de leche condensada, me los traía una enfermera. ¿Cómo iba vestida? Probablemente de enfermera, porque recuerdo con claridad que era una enfermera. Todavía veo su rostro, que me parecía muy hermoso, sus cabellos rubios y los botes de leche condensada que me traía. Creo recordar que la abracé. A menudo abandonaba mi sillón para ir a explorar la sinagoga. Seguía a los jóvenes que pretendían escapar. Había comprendido sus intenciones porque eran los únicos que miraban hacia arriba, hacia las ventanas. Uno de ellos dijo: «En los meaderos la ventana está demasiado alta, es muy pequeña y tiene rejas».

Había dos hombres junto a la puerta que no se comportaban como prisioneros. Calculaban la cantidad de gente que había, y el que iba vestido con ropa de trabajo dijo: «Tenemos órdenes de meter a los niños en vagones salados». A los seis años no conocía el significado de la palabra «sellado».* Creí que iban a meter a los

* Confusión debida a la semejanza fónica entre *salés*, «salados», y *scellé*, «sellado». *(N. de la T.)*

niños en vagones salados y que sin duda era una cruel tortura. Tenía que salvarme. Miré hacia arriba, imposible, demasiado alto. Volví a los lavabos para ver si la ventana era realmente inaccesible. Hubo un gran trajín en la sinagoga. Detrás de la puerta de un retrete, unas planchas clavadas dibujaban una Z. Conseguí trepar sin demasiada dificultad. Creo que apoyé las piernas en una pared y la espalda en la otra. Me sorprendió constatar que podía sostenerme sin esfuerzo. En la sinagoga el ruido era intenso. Un hombre vestido de paisano entró y abrió una por una las puertas de los retretes. No levantó la cabeza. El ruido se había mitigado. Entró un soldado que comprobó de nuevo los retretes. Si hubiera mirado hacia arriba, habría visto a un niño atrapado bajo el techo. Esperé a que se hiciera el silencio y me dejé caer. La sinagoga ya estaba vacía. Por el gran portón abierto entraba el sol. Recuerdo cómo revoloteaba el polvo entre los rayos de luz. Me pareció muy hermoso. Varios hombres de paisano hablaban en corro. Pasé junto a ellos, tengo la impresión de que me vieron, pero no dijeron nada, y yo salí.

En la calle, los coches se alejaban. Algunos soldados dispersos al pie de las grandes escaleras guardaban las armas. La guapa enfermera me hizo señales desde una ambulancia. Bajé corriendo las escaleras y me metí de un salto debajo de un colchón en el que una mujer agonizaba. Un oficial alemán subió a la ambulancia y examinó a la moribunda. ¿Me vio debajo del colchón? Fuera como fuese, dio la señal de partida.

Cuando de niño recordaba esa escena, me decía a mí mismo que me había visto. Parece extraño. No estoy seguro. ¿Tal vez necesitaba ese recuerdo para ayudarme a creer que el mal no es inexorable? ¿Como el soldado de negro con la fotografía de su hijo? Eso permite albergar esperanzas, ¿no?

Más tarde, al encadenar los recuerdos, me veo en un gran comedor casi desierto. Estoy rodeado de adultos, estalla una fuerte discusión con el jefe de cocina. ¿Cómo podía saber que era el jefe de cocina? ¿Tal vez porque otros cocineros que estaban más alejados, en la sala, bajaban la cabeza y no hablaban? El jefe grita: «No quiero a este niño aquí, es peligroso». Me piden que me meta en una gran marmita. Me dicen que no salga. Soy peligroso, ¿no?

Cuando recibimos la autorización para irnos, la enfermera se dirigió a la cantina de la facultad de derecho, donde conocía a un estudiante, que propuso esconderme unos días.[6]

Todavía recuerdo la forma de la cara del cocinero. Era un hombre rechoncho, de cabello negro ya escaso, con un delantal doblado sobre la barriga. Grita, luego acepta que permanezca en la marmita solo unas horas.

Siguiente recuerdo: la camioneta avanza en la noche... me han metido en un saco de patatas en la parte trasera y han colocado otros sacos delante de mí... En un control, los soldados comprueban algunos sacos y no abren el mío... El coche se detiene en la plaza de un pueblo... los adultos llaman a una puerta grande... Una monja con toca asoma la cabeza y dice: «No, no, ni hablar, este niño es peligroso». Cierra de nuevo la puerta gritando.[7]

Estoy en el patio de una escuela. ¿Desde cuándo? Cuatro o cinco adultos, creo que maestros, me cogen, me colocan una capa sobre los hombros y me piden que me cubra el rostro con la capucha. Gritan para que los niños entren en las clases, me rodean para que no me vean, me acompañan hasta un coche que me está esperando, dicen: «¡Rápido, se acercan los alemanes!».

Su reacción me parece estúpida. Veo los rostros de los niños pegados a todas las ventanas. Esta forma de ocultarme me delata y hace que corran peligro. Los adultos no son muy listos.

No he dicho nada. Me siento un monstruo.

Un granero y un compañero

En Pondaurat volvió la vida. Recuerdo el nombre del pueblo porque después de la guerra, cuando supe que mi tía se llamaba Dora, me sorprendió que un puente llevara su nombre. ¿Acaso lo había comprado?

En aquel pueblo no fui desgraciado. Dormía en el granero sobre una gavilla de paja, junto a otro niño de la Asistencia, mayor, de catorce años. Ese chico hacía que me sintiera muy seguro, me explicaba cómo evitar que el asno nos mordiera con sus grandes dientes amarillos y cómo hacer creer a los adultos que habíamos contado las ovejas cuando volvíamos por la noche: bastaba decir a gritos «ochenta», y asunto resuelto. Sabía afilar la hoz y construir un caminito para evitar el foso de purines que conducía al granero. Me sentía bien al lado de ese grandullón.

Conservo un recuerdo muy nítido del pozo de donde tenía que sacar el agua y del brocal que me causaba espanto, porque me habían explicado que muchas personas habían caído al fondo de aquel pozo y nunca habían podido sacar los cadáveres.

Me gustaban las veladas en que los braceros cenaban con Marguerite, la aparcera, que presidía la mesa. Recuerdo la bombilla lúgubre que pendía sobre la mesa, con su cinta de papel matamoscas donde agonizaban los insectos pegados. Recuerdo esas veladas en las que hacía reír a los comensales poniendo demasiada pimienta en la sopa y gritando luego «¡fuego, bomberos!, para apagar el incendio de mi boca con los vasos de vino que me servían. Todo el mundo se reía, y de este modo podía recuperar un lugar entre los humanos.

La aparcera tenía modales bruscos. Rara vez pasaba junto a nosotros sin amenazarnos con un golpe de bastón. Un golpe no es un trauma. Un golpe duele, y nada más. En cambio, volvían a mi mente, como en una película interior, las imágenes de mi detención en casa de Margot, el encierro en la sinagoga, la mujer que moría sobre mí, la marmita y la monja que me abandonaba en la noche gritando que yo era peligroso.

Además del Grandullón y del Chiquitín, que era yo, había en aquella granja una niña: Odette la Jorobada. Trabajaba en silencio, evitaba a todo el mundo y dormía en una habitación de verdad, con sábanas blancas y cortinas de encaje. Yo creía que así era como dormían los niños: las chicas en las camas y los chicos sobre la paja. No me escandalizaba. Me perturbaban más los pequeños gestos que humillaban a la Jorobada. Cuando los jornaleros regresaban del trabajo, tenía que ayudarles a quitarse los zuecos. Para evitar las ampollas, los rellenaban de paja, que se iba hinchando con el sudor de la jornada. Cuando el hombre regresaba, se dejaba caer en una silla cerca de la puerta. La niña se agachaba delante de él y tiraba del zueco. A menudo el jornalero ponía el otro pie en el pecho de la Jorobada y, cuando el zueco salía de golpe, la niña caía patas arriba, se le veían las bragas y todos se reían. La Jorobada no decía nada. No me gustaba ese juego.

Algo despertó la huella del pasado. Un día el Grandullón me dijo: «Venga, Chiquitín, vamos a pescar». ¡Más felicidad! Nos instalamos sobre un saliente de piedra que formaba una especie de remanso al pie de un puente y nos pusimos a pescar. El agua en calma espejeaba. Me dormí y cuando me desperté, me estaba hundiendo. Recuerdo haber pensado: «Es una pena morir ahora que volvía a ser feliz». Cuando recobré el conocimiento, ¡estaba en la cama de la Jorobada! Marguerite la brusca le había dicho a Odette: «Déjale tu cama esta noche, con lo que le ha pasado». Dormí entre sábanas contemplando con admiración la ventana con cortinas de encaje. ¡Qué felicidad!

Poco tiempo después, en la plaza del pueblo, unos muchachos comenzaron a hostigarme. Me miraban con desprecio, veía la maldad en sus ojos, comprendía que hablaban mal de mí, pero no sabía qué decían. Uno de ellos alzó la voz lo suficiente para que pudiera oírle: «Con los judíos siempre pasa lo mismo. Nunca dan las gracias». Entonces comprendí que había sido su padre quien me había sacado del agua, pero ¿cómo querían que lo supiera? No le conocía y además había perdido el conocimiento. También comprendí que los niños del pueblo sabían que era judío, ¿cómo lo habían sabido? ¿Cómo sabían cosas de mí que yo desconocía?

En Castillon-la-Bataille, debía de tener siete años. En esa época mi memoria se extiende en el tiempo. Ya no está compuesta de simples flashes, como esas breves imágenes de antes de la guerra, ni tampoco de escenas cortas, sino que se convierte en una verdadera película sobre mí, en el sentido teatral de la palabra. Me veo durmiendo en un catre en el pasillo de la casa del director de la escuela. Yo no iba al colegio, pero podía jugar en el patio cuando los alumnos ya se habían ido. Paseaba por el pueblo, donde encontré a mi primer amigo y a mi primer amor.

Se llamaba Françoise, como todas las niñas. Era morena, tenía los ojos azules y los dientes de delante separados. Me gustaba mucho estar a su lado, simplemente verla y hablar con ella. Es curiosa la heterosexualidad; ya en el parvulario de la rue Pas-Saint-Georges, en Burdeos, buscaba a las niñas para hablar con ellas. El patio de la escuela estaba virtuosamente dividido en dos por una reja, los niños a un lado, las niñas al otro. Me acercaba a la reja para decirles unas palabras.

Ese recuerdo no es coherente, ya que me acuerdo de un pequeño Ali y de dos Françoise en la clase de Margot. Pero así es como se conserva en mi memoria.

No recuerdo el nombre de mi compañero de calle, porque entre chicos primaba la acción. Íbamos a los viñedos a robar uva moscatel que comparábamos con la moissac. Comíamos hasta ponernos enfermos. Nos tirábamos piedras para aprender a evitarlas. Cogíamos nueces y endrinas, sacábamos huevos de los nidos, cazábamos mariposas, nos metíamos en todas partes, con total libertad. Me gustaba que mi amigo fuera pobre, eso hacía que me sintiera más cercano a él. Iba a buscarle a su casa, a dos pasos de la escuela. Vivía con su madre en una única habitación, en cuyo centro se amontonaba una gran pila de carbón. La recuerdo sentada, vestida de negro y sonriente. De esa época conservo un recuerdo de sol, de amabilidad y de total libertad, en plena guerra.

La caída de los superhombres

Una noche me despertó una luz intensa. Junto a mi cama había dos oficiales alemanes con una linterna en la mano, en compañía de monsieur Lafaye, el director de la escuela. Ni miedo ni tristeza, solo una sensación opresiva: ¡vuelta a empezar! Me iban a detener y probablemente a matar. Los tres hombres desaparecieron y volví a dormirme.

Al día siguiente el patio de la escuela estaba lleno de soldados. Las mesas estaban fuera y los hombres, con el torso desnudo o en camiseta, se ocupaban de sus cosas, se lavaban o ganduleaban. Cuando pasaba a su lado, me hablaban con amabilidad y jugaban conmigo. Recuerdo que uno de ellos se divertía levantándome sujeto solo por la cabeza. Procuraba evitarlo. En la parte más alta de la escuela había un pequeño mirador donde un soldado armado montaba guardia. No se andaba con bromas. Cuando, con mi amigo, quisimos hacerle una visita, nos echó a patadas.

En cada través de la carretera había una ametralladora montada con dos soldados al frente. Para entretenernos, disparaban contra un muro con balas explosivas que hacían estallar las piedras. Era muy interesante.

Unos días más tarde, de improviso, la escuela fue abandonada. Eché de menos el murmullo de vida que había desaparecido. Oí decir que los soldados se habían reagrupado en el centro del pueblo donde las FFI* los habían machacado. La resistencia había rodeado a los alemanes y les habían causado grandes pérdidas.

Después de la batalla, recuerdo una discusión entre uno del pueblo que no conocía y un miembro de la Resistencia fácil de reconocer porque llevaba un arma y un brazalete. El de la Resistencia dijo: «Tenemos un muerto y tres heridos graves».

«¡Eso es todo!», dije. Se me escapó porque estaba pensando en los cientos de personas amontonadas en la sinagoga y metidas en los trenes. El resistente me fulminó con la mirada y el lugareño le explicó: «Ha perdido a toda su familia». El resistente se apaciguó y yo me pregunté cómo ese desconocido se había enterado de mi historia. Habría podido denunciarme cuando los alemanes estaban allí.

Mi amigo llegó corriendo: «Vamos, rápido, el cura quiere que toquemos las campanas». La fiesta empezaba de nuevo. La cuerda de la campana pasaba por un agujero del techo y colgaba en medio del porche, un espacio cubierto por el que se accedía a la iglesia. Había que tirar de la cuerda agachándose para inclinar la campana y luego, cuando el badajo la inclinaba del otro lado, la cuerda tiraba de nosotros cada vez más hacia arriba y había que soltarla rápidamente. Un chico que al subir con la cuerda no se atrevió a soltarse subió hasta el techo y se golpeó la cabeza. Así fue como tocamos las campanas que anunciaban la liberación de Castillon. Nuestra misión era importante.

* Fuerzas Francesas del Interior, conjunto de organizaciones clandestinas de carácter militar que operaban en Francia durante la Segunda Guerra Mundial. *(N. de la T.)*

Los días siguientes, oía hablar a los adultos de «desembarco». El halo de afectividad con que pronunciaban esa palabra me transmitía una fugaz alegría. Pronunciaban «La Rochelle» alegremente, pero su rostro se ensombrecía cuando hablaban de «Royan». Percibía con claridad que algunas palabras eran portadoras de esperanza y otras de inquietud. Cuando la felicidad se instalaba a mi alrededor, a través de palabras extrañas, me sentía liberado.

Fue en el centro de un pueblo (¿Castillon, quizá?) donde vi por primera vez prisioneros alemanes. Sentados, abatidos, harapientos, inmóviles, mirando al suelo y en silencio. Esos soldados que nos habían derrotado, aplastado, dominado en la vida diaria, los «doríforos»,[8] como les llamaban, parecían ahora completamente aturdidos por la desgracia. No me alegró su caída (casi iba a decir: «¡Nunca me hicieron daño!»). Me sorprendía su infortunio porque los recordaba triunfantes, desfilando en Burdeos, con sus armas, sus caballos, sus músicas y sus caramelos.

Regresé a casa de Margot. La familia Farges también empezaba a revivir: muchos comensales, amigos, y radios sin pitidos. Ahora se hablaba en voz alta, se comentaba la prensa.

Un día Margot llegó radiante. Corrimos hacia la place des Quinconces. Mi madre me llevaba a veces antes de la guerra para que tomara el aire y jugara en torno a unos caballos de bronce enormes que escupían agua. Los caballos habían desaparecido, había mucha gente. Todo el mundo hablaba, reía y se abrazaba. Me sorprendía mucho ver cómo Margot se dejaba abrazar por desconocidos, riendo. Oía palabras alegres: «Hiroshima… fin de la guerra… doscientos mil muertos». Una alegría loca, ¡la guerra había terminado! Se esperaban varios millones de muertos en Japón, pero gracias a la bomba atómica, solo serían doscientos mil; un buen negocio, ¡la guerra había terminado!

Fue entonces cuando volví a ver a la guapa enfermera, la que me había dado botes de leche condensada, la que me había indicado que me metiera debajo de la mujer moribunda. Creo que fue a casa de Margot para invitarme a pasar unos días con ella y su novio en el Grand Hôtel de Burdeos, enfrente del teatro. El general De Gaulle iba a pronunciar un discurso y la enfermera había conseguido que fuera yo quien entregara al general un ramo de flores.

El novio me gustaba porque me parecía elegante vestido con su uniforme azul de marino. Sobre todo era magnífica la gorra, bordada en oro. Me la prestó, y yo hice el payaso adoptando aires marciales; ¡gran éxito! Todos reían, luego los novios se apartaron para hablar a solas. Descubrí unas cortinas, sujetas con un cordoncillo dorado, que cogí de inmediato para hacerme un gorro imaginario. Les di un buen susto a la joven pareja, que se enfadaron porque creyeron que había arrancado los cordones de la gorra del marino. Recuerdo haber experimentado un sentimiento de injusticia y de tristeza porque había causado pena a personas que admiraba y que me habían creído capaz de cometer semejante tontería; un pequeño malentendido entre generaciones.

Al día siguiente Margot estaba disgustada porque los novios me habían llevado al teatro, y aquella noche se representaba un espectáculo con bailarinas desnudas, cubiertas de plumas. Margot decía enfadada: «No es adecuado para un niño». A mí me había parecido bastante bien: un pequeño desacuerdo entre generaciones.

La noche anterior a la ceremonia oí un gran alboroto en el pasillo del hotel. Salí de mi habitación y vi a un hombre sentado en una silla llorando. Se sujetaba la cabeza y tenía el rostro ensangrentado. Un FFI armado explicó: «Es un miliciano que ha conseguido entrar en el hotel, quería asesinar a De Gaulle». Otros hombres armados, de pie junto al miliciano, le daban de vez en cuando un golpe de culata, un puñetazo o una patada. El hombre sangraba y lloraba. Por la mañana cayó desplomado, muerto lentamente a base de golpes. Ese linchamiento fue mi primera decepción política. Debía de tener siete años; me hubiera gustado que mis libertadores que acababan de derrotar al ejército alemán mostraran un poco más de nobleza. Mis héroes se habían comportado como milicianos. ¡Me hubiera gustado tanto que no se pareciesen a ellos!

Después de Hiroshima, la guerra había terminado. Las personas intentaban aprender a vivir de nuevo. Para algunos, el balance era muy duro. Volví a ver a mi prima Riquette, que tenía ya trece años. Recordaba a su padre, el hermano de mi padre, ingeniero en una fábrica en Espiet, cerca de Burdeos. Antes de la guerra había visitado en alguna ocasión a la tía Hélène, y conservaba muy buenos recuerdos de esas visitas. El padre desapareció durante la guerra, la madre y los dos hijos fueron perseguidos. Recuerdo a esa chica explicando a su madre: «No podemos quedarnos en un país que nos ha hecho esto. Tenemos que irnos a Palestina». Creo recordar que la madre quería quedarse. «Lo capto», repetía, utilizando una palabra que era nueva para mí. Riquette me explicaba: «Allí hay una tierra sin pueblo para un pueblo sin tierra. Haremos que crezcan flores en el desierto». La frase me parecía muy bonita, pero le replicaba desde la llaneza de mis ocho años: «Aunque esa tierra sea un desierto, es un desierto palestino. No debemos ir». Riquette consideraba que Francia nos había agredido. Yo juzgaba, por el contrario, que nos había protegido. No tenía familia, pero pensaba que Margot Farges, Marguerite la aparcera, monsieur Lafaye el director de la escuela, la enfermera y muchas otras personas se habían expuesto a enormes riesgos para acoger y proteger a un niño que no conocían. Para mí, los franceses que habían colaborado no eran los verdaderos franceses, porque se habían puesto del lado de los alemanes.

Cuarenta años de silencio.

Eso no significa cuarenta años sin relatos íntimos. Yo me contaba una y otra vez mi historia, pero no la contaba. Me hubiera gustado hablar de ello. Lo mencionaba, evocaba los acontecimientos pasados, pero cada vez que desvelaba el más mínimo recuerdo, la reacción de los demás, desconcertados, dubitativos o ávidos de desgracias, me obligaba a callar. Uno se siente mucho mejor cuando calla. Me hubiera gustado hablar con naturalidad, pero ¿se puede hablar de esto con naturalidad?

Por suerte, las circunstancias dan una oportunidad a la palabra. En 1985, Philippe Brenot, un psiquiatra-antropólogo de Burdeos, organizó un coloquio cuyo tema era «Lenguajes».[9] Había gente importante, personas a las que admiraba: Jacques Cosnier (psicoanalista-etólogo), Claude Bensch (fisiólogo), Max de Ceccatty (histólogo, especialista en comunicación celular).

No había vuelto a Burdeos desde 1945. Todo iba bien, la gente se mostraba alegre, amistosa y entusiasmada. Presenté una ponencia sobre las señales que los animales dirigen a su propia imagen delante de un espejo. Claude Bensch me felicitó, algo que no me molestó.

Sin embargo, antes de la conferencia se produjo un pequeño incidente embarazoso. En los pasillos del Centre André Malraux, se me acercó una joven y me dijo: «Soy la hija de Suzanne Farges». Suzanne, la hermana de Margot que iba los domingos e intentaba enseñarme a comer como los gatos. Si la joven me hubiera abordado de frente, yo me habría presentado siguiendo la fórmula tradicional. Como había mucha gente, tuvo que colarse hasta llegar a mi lado para dirigirse a mí. El ritual de presentación no se desarrolló según lo establecido, me quedé como un pasmarote, me llamaban a la tribuna. Las circunstancias frustraron el encuentro. ¿Qué se le dice a una desconocida que conocía mi infancia que había que ocultar?, ¿que no había que contar?

Al acabar la conferencia, se pasó al turno de preguntas de los profesionales que había en la sala. Un señor menudo pidió el micrófono, se levantó y con una voz a punto de quebrarse por el llanto dijo: «Boris, yo te escondí durante la guerra». ¿Qué decir? Había quinientas personas en la sala, el señor lloraba explicando un episodio de mi infancia del que no guardaba ningún recuerdo. Apenas entendía lo que decía, porque sollozaba y contaba cosas que hablaban de un niño que no conocía. Nadie se atrevía a interrumpirle.

«¿Siguiente pregunta?» Un etólogo del CNRS me hizo una pregunta técnica que me devolvió la confianza porque no era afectiva.

Al acabar la sesión, el señor permaneció en su butaca. Fui a sentarme a su lado. Habló, habló, me entregó una tarjeta de visita y me explicó que cuando yo estaba en su casa, repetía sin cesar: «Yo también, antes, tenía una mamá». Me dijo que en esos momentos vivía en una residencia, intercambiamos las direcciones, fueron a buscarle, metí su tarjeta en mi bolsa junto con otras diez, no había entendido su nombre, no sabía cuál era la tarjeta que correspondía a su dirección. Un nuevo encuentro malogrado.

Más adelante, Margot me diría que en 1944 ese señor arriesgó su vida para esconderme. Se llamaba André Monzie. No guardaba ningún recuerdo de él. Nos carteamos educadamente: ¿qué decir? La mayor revelación no es suficiente.

En 1995 (tal vez), FR3 Aquitania me invitó a presentar uno de mis libros. Al finalizar la emisión, un periodista me pasó un papel: «Ha llamado una señora, pregunta si es usted el pequeño Boris al que ella ayudó a escapar. Este es su número de teléfono».

Fui a verla en taxi, a una gran casa en las afueras. Su alegría y sencillez hicieron que enseguida me sintiera cómodo. Se llamaba

Descoubès; era la bonita enfermera que me dio botes de leche condensada, a la que abracé cuando tenía seis años y que me hizo una señal para que me metiera debajo del colchón de la mujer moribunda. La acompañaba su marido, probablemente el joven oficial de marina que estaba con ella, en el Grand Hôtel, la noche en que lincharon al miliciano. El marido sonrió, ausente, y me repitió varias veces que su oficial superior no le esperaba cuando llegaron a Siria.

Le conté mis recuerdos a madame Descoubès, nos divertimos comparando nuestros recuerdos. Compartimos las mismas imágenes, casi al detalle, y nos maravillamos de la fiabilidad de nuestras reminiscencias. Evocamos alegremente nuestro encuentro en la sinagoga, nuestro pasado común durante la guerra en aquella especie de prisión. Le dije que ahora me parecía divertido haberme podido escapar a los seis años, gracias a ella, pero que me extrañaba que los alemanes autorizaran la presencia de una ambulancia al pie de las escaleras de la sinagoga. «No era una ambulancia —precisó—, era una camioneta.» Recordé al oficial que entró en la «ambulancia» para examinar a la mujer moribunda, un médico forense. Me pareció recordar que levantó un extremo del colchón, me vio, y sin embargo dio la señal de partida.

«Era el capitán Mayer», dijo madame Descoubès. No levantó el colchón, vio a la moribunda y dijo: «¡Que reviente! ¡Aquí o en otra parte! ¡Lo importante es que reviente!».

Había organizado mis recuerdos para dar coherencia a mi representación del pasado. Puesto que ella era enfermera y había una mujer moribunda, el vehículo tenía que ser sin duda una ambulancia y el oficial alemán era seguramente médico. Era lógico, pero falso. Habían requisado una camioneta porque la mujer que había recibido el culatazo en el vientre se moría en el suelo. Mal efecto para un ejército cuya misión era seducir al pueblo francés. La gente amontonada en las aceras, detrás de un cordón de milicianos, contemplaba cómo se llevaban a los judíos para eliminarlos. Había que demostrarles que el ejército alemán llevaba a cabo su misión con gran corrección.

Había organizado mis recuerdos para poder soportarlos sin angustia. En mi representación de los hechos, me tranquilizaba pensar que el oficial alemán me había visto y sin embargo había dado igualmente la señal de partida hacia la libertad. En realidad no estaba seguro, me parecía... Esta intencionalidad no consciente me permitía remodelar la representación de los hechos pasados para hacerlos soportables y no vivir ese recuerdo como una condena inexorable. Gracias a ese arreglo, no era prisionero del pasado, escapaba al trauma.

Sabía que el nombre de madame Descoubès era Andrée o Dédé. ¿Cómo lo sabía? ¿Tal vez había oído a su novio llamarla así en el Grand Hôtel, la noche del asesinato del miliciano? ¡Dos fuentes distintas pueden confluir para dar lugar a un único recuerdo!

Madame Descoubès dijo: «Repetías sin cesar: "¡Ah! Vaya día, ¡nunca lo olvidaré"». ¿Me tuteaba porque me había conocido de niño? No lo sé. Me sorprendió haber olvidado que había dicho que no lo olvidaría nunca. ¿Cómo podía pensar que, teniendo en cuenta la vida que me esperaba, nunca olvidaría, cuando apenas unos minutos antes había visto con claridad que querían matarme?

La tarde de aquel encuentro ella tendría unos setenta y cinco años. Seguía siendo hermosa con el cabello blanco. Le confesé que cuando me llevaba botes de leche condensada la encontraba muy guapa con su melena rubia. Sonrió, se levantó y regresó con una fotografía suya de cuando era joven, vestida con el uniforme de enfermera de la Cruz Roja, efectivamente muy guapa, con el cabello negro como ala de cuervo.

La vida es una locura, ¿no es cierto? Por eso es apasionante. Imaginen que somos personas equilibradas con una vida apacible, no habría ni suceso, ni crisis, ni trauma que superar, únicamente rutina, nada que recordar; ni siquiera seríamos capaces de descubrir quiénes somos. Si no hay sucesos no hay historia, no hay identidad. No podríamos decir: «Mira lo que me sucedió, sé quién soy porque sé de lo que soy capaz ante la adversidad». Los seres humanos son apasionantes porque su vida es una locura.

La moribunda no murió

Hace dos meses me invitaron a dar una conferencia en Orange, en Montrouge. Organización perfecta, personal sonriente, una señora se acercó a mí y me dijo con aire cómplice: «Al acabar la conferencia le aguarda una buena sorpresa, está aquí madame Blanché». En esos casos, suelo adoptar un aire extático y soltar un tembloroso «Aaaah…», pues no sé quién es madame Blanché.

Después de la conferencia, me condujeron hasta una pequeña habitación donde una señora joven me dijo: «Me llamo Valérie Blanché, soy la nieta de la mujer moribunda bajo la que usted se escondió el día de su evasión». Personas que no conozco asistían, maravilladas, a un encuentro cuyo sentido no alcanzaba a comprender. Acabé entendiendo que la moribunda se llamaba Gilberte Blanché, que su nieta estaba delante de mí, confundí las fechas y los nombres, decidimos volver a vernos en un lugar silencioso.

Valérie me entregó un pequeño álbum con fotografías de su abuela, que se parecía al prototipo de mujer española. Había nacido en Burdeos, tenía veintiséis años cuando la detuvieron como a mí y a otras doscientas veintisiete personas. Recuerdo que había recibido un culatazo que le había reventado el bazo y que se estaba muriendo a causa de una hemorragia interna.

¡Curioso recuerdo! A los seis años podía entender que se estaba muriendo, pero ¿cómo sabía lo del culatazo? No lo había visto. ¿Y de dónde había sacado la idea de que un bazo reventado provocaba una hemorragia interna?

Conservo en la memoria una imagen indiscutible: la parte trasera del vehículo está oscura... sobre un colchón yace una mujer sobre su costado izquierdo, con el rostro de cara a la pared... La enfermera me hace subir rápidamente al coche... Alguien levanta el colchón... Me meto debajo, el colchón se aplasta... No me muevo... Siento el peso de la mujer sobre mí. Veo al soldado alemán entrar en la camioneta para examinar a la mujer. Es imposible que lo viera. Debí de haber oído los pasos, percibir algunos movimientos por encima de mí, pero desde luego verlo, no.

Para reconstruir ese recuerdo, he hecho confluir varias fuentes, he añadido a imágenes precisas otras informaciones como el ruido, los movimientos del soldado, tal vez algunas palabras oídas: «¿Podemos irnos?... ¿Morirá?...», y una idea adquirida mucho más tarde, cuando era estudiante de medicina y aprendí que un golpe violento en el abdomen puede hacer reventar el bazo y provocar una hemorragia interna.

Haciendo converger esas fuentes diversas, me construí un recuerdo coherente.

Valérie me contó que su abuela, que fue conducida al hospital, tenía la pared abdominal reventada por los culatazos. Como había sido operada, ¡se libró de Auschwitz! Le confesaba a su nieta que a menudo se preguntaba qué habría sido del niño que se había escondido debajo de ella y al que había buscado durante cuarenta años. Valérie me contó que tenía cuatro años cuando su abuela dijo: «Los alemanes, al torturarme y darme por muerta, nos salvaron la vida a mí y al pequeño...». Su abuela añadió una frase que determinó en buena parte su vida: «"No hay que ser judío, porque si vuelven los alemanes meten a los niños en un vagón, a los padres en un centro y se los llevan a... Auschwitz para matarlos..." Yo ni siquiera sabía qué significaba ser judío...».

A la edad en que a las niñas les encantan los cuentos de princesas, lo que Valérie escuchaba sin comprender era una historia de horror: «¿Qué es ser judío? ¿Por qué meten a los niños en vagones para matarlos?».[10]

Gilberte Blanché, la superviviente, habría preferido callarse, pero una noche su nieta entró en la habitación sin avisar y descubrió el vientre de su abuela deformado por las heridas y las cicatrices de la operación. La niña creyó que su abuelo la había maltratado, de modo que ¡hubo que explicárselo todo!

Ese «secreto» compartido había reforzado la complicidad entre la abuela y la nieta, que oía hablar a menudo del «pequeño»: «Lo manché con mi sangre», decía Gilberte. «No, lo salvaste con tu sangre», replicaba la pequeña Valérie.

Más tarde, Valérie se interesó por los libros que hablaban de resiliencia, sin imaginar que el autor era precisamente «el pequeño». Hasta el día en que leyó *Me acuerdo*[11] y pudo establecer la sorprendente relación: por fin habían encontrado al pequeño, pero Gilberte se fue de este mundo por aquel entonces, sin haber podido verle.

No tengo ningún recuerdo de haberme manchado de sangre, ¡ningún recuerdo del momento en que salí de la camioneta! Mi siguiente imagen es la marmita y la maldición del cocinero: «¡Este niño es peligroso!».

Cuando la memoria es sana, construimos una representación de nosotros mismos coherente y tranquilizadora: «Todos los veranos la familia se reúne en una casa de campo modesta donde pasamos el día preparando las comidas, los paseos y los juegos con los primos y las primas». El hecho de recordar a las personas que quería y a las que me irritaban, la evocación de los juegos en los que destacaba o en los que era malo me permitió planificar mi conducta futura. Esa representación coherente de mí me daba confianza, porque entonces ya sabía qué tenía que hacer para sentirme bien: montaría a caballo con la prima Berthe, jugaría a ping-pong con Angèle y evitaría al tío Alfred, que me crispaba porque no paraba de pincharme. Al unir esos recuerdos, me construía una representación en la que sabría vivir confiado. La persona que tiene una memoria sana pone de relieve algunos objetos, algunas palabras y algunos acontecimientos que constituyen una representación clara.

Una memoria traumática no permite construir una representación de uno mismo que proporcione seguridad, porque al evocarla se rememora de nuevo la imagen del choque. De repente ocurre algo absurdo: ¿cómo se puede relacionar una condena a muerte, de noche, repentinamente, seguida de una larga persecución en la que una simple palabra de más nos pone en peligro de muerte? Un gesto que os traiciona transforma en enemigos a quienes, dos segundos antes, os declaraban su afecto y que de repente se quedan paralizados. Basta con articular la palabra «judío» para que todo quede trastocado. Basta con callarse para poder vivir.

En la memoria sana, la representación de uno mismo cuenta la manera de vivir que nos permite ser felices. En la memoria traumática, un desgarro increíble fija la imagen pasada y enturbia el pensamiento.

Se puede intentar vivir a costa de una prohibición de hablar, de una amputación de uno mismo. Solo se calla respecto a un tema concreto, el resto de la persona se expresa libremente. Ese estilo relacional proporciona una imagen enigmática de uno mismo, que intriga a nuestros allegados, les divierte o les desorienta.

Sin acontecimientos, ¿con qué llenaríamos la memoria? Cuando los niños abandonados relatan su vida, las extensas lagunas de su memoria corresponden a los períodos de aislamiento. El mundo íntimo solo se llena con lo que los otros aportan a él: las fiestas, las peleas, los hechos imprevistos. Nadie otorga el mismo significado al mismo hecho. La emoción atribuida a la escena conservada en la memoria depende de la historia del sujeto, lo que significa que, ante una misma situación, cada uno se construye recuerdos diferentes.

Prisión del pasado y placer de vivir

Cuando me detuvieron, la vida volvió a mí, porque antes de esa ruptura había estado sometido a un aislamiento protector. Dentro del coche al que me empujaron un hombre lloraba; para él, la vida se iba a acabar.

Si mi detención no me hubiera animado, no habría prestado atención a lo que decían los adultos, no habría seguido a los jóvenes que trataban de huir, no habría encontrado la inverosímil solución de refugiarme bajo el techo. Me habría dejado proteger por la mujer que reunía a los niños sobre la manta atrayéndolos con leche condensada y facilitándoles así la muerte.

Es el contexto el que atribuye un significado al hecho presente. Así, el pequeño Maurice, superviviente del gueto de Łódź, cuenta: «Cogí un tren, era la primera vez, era feliz. Me conducía a la muerte».[12]

Sin acontecimientos externos, no hay nada que incorporar al mundo interior. Cuando la memoria es sana, la clara representación de uno mismo permite planificar nuestras conductas futuras. Cuando nos desgarra una catástrofe, la rutina ya no consigue resolver ese problema imprevisto, habrá que encontrar otra solución. Pero cuando el desgarro nos aniquila porque es demasiado intenso o porque nos han debilitado heridas anteriores, nos quedamos estupefactos, aturdidos, en un estado de agonía psíquica.

La clínica del trauma describe una memoria especial: se impone, intrusiva, como una representación dolorosa que se apodera de nuestra alma. Prisioneros del pasado, repasamos sin cesar las imágenes insoportables que de noche pueblan nuestras pesadillas. Cualquier banalidad despierta el desgarro: «La nieve que nos hace pensar en las navidades pasadas en la montaña me trae a la memoria la imagen de los cadáveres helados de Auschwitz...», dice el superviviente.

«El cielo azul y el calor evocan inevitablemente el campo japonés donde estuve a punto de morir en 1945», recuerda Sidney Stewart.[13]

La memoria traumática es una alerta constante para un niño herido: cuando es maltratado, adopta una actitud de vigilancia inmóvil y, cuando ha vivido en un país en guerra, sigue sobresaltándose al menor ruido, incluso cuando se ha restablecido la paz. Fascinado por la imagen de horror instalada en su memoria, el herido se aleja del mundo que le rodea. Parece indiferente, embotado, como aletargado. Su alma, poseída por la desgracia sufrida, no le permite interesarse por lo que ocurre a su alrededor. Parece lejano, ajeno a todo y, sin embargo, su mundo interior está en plena agitación.

Esta influencia de la memoria traumática provoca reacciones que alteran la manera de relacionarse. El herido, para sufrir menos, evita los lugares donde sufrió el trauma, las situaciones que podrían suscitar su recuerdo y los objetos que podrían evocarlo. Y, sobre todo, evita pronunciar las palabras que avivarían la herida. No es fácil tratar con ese herido mudo que se presenta a sí mismo como un extraño. Su defensa cerrada, al enquistar el sufrimiento, le impide compartir las emociones. Prisionero de su hipermemoria, fascinado por una imagen terrible, el herido no está disponible para los demás. Ha perdido la libertad de tratar de comprender y de hacerse comprender. Aislado entre la gente, se siente solo, expulsado de la condición humana: «No soy como los demás... ¿un monstruo tal vez?».

Me pregunto por qué yo no padecí ese tipo de memoria. Enseguida comprendí que bastaba con callar para hablar con facilidad. Me explico: basta con no pronunciar la palabra «judío». Fácil, no sabía qué significaba esa palabra. Jamás había visto a un judío de cerca. Tengo recuerdos de «madre»: el día en que esperaba, de pie, a que acabara de atarme los cordones de los zapatos; el día en que me obligó a devolver una muñequita que acababa de robar en una tienda de juguetes; el día en que nos dedicábamos a cazar pulgas, y nos lanzábamos sobre la cama entre sonoras carcajadas, y muchas más representaciones como estas.

Tengo recuerdos de «padre»: cuando se iba a trabajar a su taller de ebanista, cuando me perseguía alrededor de la mesa para castigarme no sé por qué, cuando leía el periódico diciendo: «Vaya, vaya, vaya».

Oí por primera vez la palabra «judío» la noche en que fui detenido, cuando el policía le explicó a madame Farges que tenían que meterme en la cárcel porque iba a cometer un crimen.

En la liberación de Castillon, un hecho insignificante me perturbó. Cuando el FFI dijo: «Tenemos un muerto y tres heridos», y yo respondí que no era mucho. El desconocido que hablaba con el de la Resistencia le explicó que yo había respondido de aquel modo porque había perdido a mi familia y que no debía tenérmelo en cuenta. Luego me preguntó si tenía pesadillas o ataques de cólera repentinos. De modo que sabía que había sido detenido, que me había escapado y que monsieur Lafaye me escondía en su escuela. Por más que me callara, ¡aquel desconocido sabía sobre mí lo que debía permanecer oculto para tener derecho a vivir! Incluso quería penetrar en mi alma para saber si aquella cascada de acontecimientos me causaba pesadillas.

Creo que pensé: «Nunca se esconde uno lo suficiente. Tengo que marcharme a otro lugar, a un país donde nadie me conozca. Solo entonces seré libre. Cuanto más aprenda a callarme, más libremente podré hablar». Es ahora cuando pienso que así es como pensaba entonces. Probablemente no utilizaba esas palabras en mi lenguaje infantil, pero la sensación que debí de experimentar es la que hoy traducen estas palabras.

Decían que hablaba por los codos, explicaba historias, dirigía la palabra a desconocidos en la calle. ¿Quién habría pensado que hablaba para callarme? Las palabras que decía servían para ocultar las que no había que decir. Mi estrategia relacional era clara: charlar con los otros para entretenerles, interesarles y ocultarme así detrás de esas palabras compartidas. Esa protección me permitía contarme otra historia, con la boca cerrada, con palabras que no podían compartirse pero que constituían la base de mi vida mental. Me contaba lo que no podía decir. A base de repeticiones, mi relato se iba simplificando. Cuando algunos recuerdos se iluminaban, otros se oscurecían. Me contaba a mí mismo la evasión o, más bien, la veía como en el cine. Y también explicaba con detalle la amabilidad del soldado con el uniforme negro, el que me había enseñado las fotografías de su hijo, me sorprendía el militar que había dado la señal de mi liberación debajo de la mujer moribunda: me empeñaba en engañarme, ¡retocaba la memoria para hacerla soportable!

El horror acaba siendo incluso hermoso: la amabilidad del soldado de negro, la indulgencia del médico militar, la belleza de la enfermera, la protección del muchacho mayor que me llamaba «Chiquitín», las risas de los braceros que me hacían beber demasiado, la camaradería de aquel amigo granuja con quien tiraba piedras y robaba uva moscatel; todos esos recuerdos auténticos bien organizados me ayudaban a no sufrir por ese pasado.

Al fin y al cabo, las cosas no iban tan mal. Obviaba al scout que me había denunciado, al cocinero que gritó encolerizado al verme, a la monja que cerró la puerta y me dejó en la calle porque era un niño peligroso.

Sentía cierta irritación contra los maestros que, para ayudarme a escapar de la escuela, me pusieron una capa sobre la cabeza, silbaron el final del recreo y me rodearon para ocultarme de la vista de los chiquillos, que estaban pegados a las ventanas y excitados ante la idea de presenciar un salvamento. Protegiéndome de ese modo, ¡me estaban señalando a un posible delator! Se arriesgaban, por supuesto, pero creo que jugaban a protegerme. No me gustó.

Esos ajustes de la memoria daban coherencia a lo irracional, hacían que el horror fuera soportable y hasta lo transformaban en un cuento del que podía enorgullecerme. Había engañado a mis perseguidores, había sido más listo que el ejército alemán y la Gestapo juntos. Tenía una sensación casi de fuerza: para ser libre, basta callarse y obrar sin dar explicaciones.

Acababa de instaurar un estilo relacional que caracterizaría toda mi vida futura. Esa labor de narración íntima organizaba mi memoria para embellecer lo insoportable. Ya no era un objeto zarandeado por el destino, sino que me convertía en sujeto de la historia que me contaba, ¡tal vez incluso en el héroe!

Extraña claridad

No era consciente de que callándome ofrecía a los demás una extraña imagen de mí mismo: «Cuando habla con claridad, se oye como un eco, el murmullo de sus fantasmas». Después de la guerra, muchos de mis compañeros de escuela debieron de tener una sensación que corresponde a esta frase, puesto que me trataban con una amabilidad curiosa que revelaba su desconcierto.

Recuerdo a Max, que me cubría de regalos extraños. Tenía once o doce años cuando me traía al colegio bolsas con ropa de su padre, cuidadosamente doblada por su madre. Luego me hacía muchas preguntas sobre mi familia. Yo respondía embelleciendo a mi familia de acogida: «Mi padre [de acogida] organiza fiestas en el barrio. Mi madre [de acogida] es muy elegante y habla varias lenguas». No mentía, pero cuando decía «mi padre», Max debía de oír «de acogida», como un murmullo asociado. Y cuando precisaba que mi madre hablaba varias lenguas, esta verdad me permitía no decir que hablaba el francés con acento, un poco el polaco y el yídish perfectamente.

Esa ambigüedad verbal me permitía proteger a mi familia de acogida y ofrecer una buena imagen, con objeto de presentarme como un niño normal, como todo el mundo.

Sabía que Max hablaba de mí a sus padres, porque le daban pequeños regalos para mí: una carpeta de dibujo, una caja de pinturas, dos calzoncillos largos, tres camisas. Extraño, ¿no? Me hacía muchas preguntas sobre mi familia.

Cuando nuestros fantasmas resuenan en nuestros relatos, a menudo provocan ligeros balbuceos: «Tiene una rara manera de decir "mi madre", de hablar de su familia, es extraño», debía de pensar Max. No podía adivinar que su deseo de ayudarme me contrariaba un poco. Al obligarme a sacar a la luz lo que yo deseaba mantener en la sombra, me agredía sin querer. El yídish que, con su gran sabiduría, ha constatado esa confusión amistosa, dice: «¿Por qué me reprendes? ¡Nunca te he tratado bien!».

Yo decía «mi madre» sin demasiada convicción, pero si hubiese dicho «mi tía», habría tenido que responder a un montón de preguntas sobre una época de mi vida caótica, peligrosa, abrumadora, en la que estaba en juego la muerte. ¿Podía explicar eso con naturalidad? La amabilidad curiosa de Max me incomodaba, porque me invitaba a hablar de una historia que yo me contaba una y otra vez, pero que me parecía imposible compartir.

Esta inquietante relación de amistad está maravillosamente ejemplificada en la película de Louis Malle, *Adiós, muchachos*. El 15 de enero de 1944, los soldados alemanes rodearon el internado de Carmes, cerca de Fontainebleau. Detuvieron a tres alumnos durante las clases ante la mirada atónita de sus compañeros. «Las detenciones las efectúan agentes de la Gestapo, de paisano. Están bien informados: van directamente a las aulas respectivas de cada uno de los alumnos judíos, "una denuncia perfectamente detallada había revelado a la Gestapo los nombres de los niños, el plano, el horario del colegio…".»[14]

En octubre de 1943, Jean Bonnet conoció a Louis Malle, con quien rivalizaba por el primer puesto de la clase.[15] Se hicieron muy amigos. Los dormitorios eran inmensos, la comida escasa, pero los curas aportaban gran calidez a la educación y a las relaciones humanas. Louis se encariñó con Jean, al que admiraba, pero cuya mezcla de madurez y de reserva le intrigaba. Como todos los niños, Louis hablaba de su familia, y le desconcertaba que Jean, que normalmente se expresaba con claridad, balbuceara y respondiera con evasivas cuando hablaba de su madre.

Una mañana de invierno, «dos alemanes de paisano penetraron en el aula e interrumpieron la clase […], llamaron a Bonnet dos veces. La primera vez, el profesor le hizo una señal para que no se moviera; la segunda vez, se puso en pie con gran serenidad y nos estrechó la mano a todos. El profesor lloraba. Nosotros no entendíamos nada».[16]

De pronto se hizo la luz para Louis Malle, el enigma estaba resuelto: ¡Jean Bonnet era judío! Eso explicaba su extraña actitud: excelente alumno y gran amigo, llevaba en su interior un fantasma que le hacía balbucear y responder con evasivas cuando se le interrogaba sobre su familia o cuando le preguntaban de dónde era.

Durante cuarenta años, los niños de esa clase de quinto curso prosiguieron su camino en la vida conservando en la memoria ese fenómeno incomprensible: «Nuestros compañeros desaparecieron. No sabemos su nombre, ni su historia, ni la de su familia. El decreto *Nacht und Nebel* había tenido éxito».[17]

Louis Malle se enteraría más tarde de que su joven amigo Hans-Helmut Michel, nacido en Frankfurt, entró en la cámara de gas en Auschwitz el 6 de febrero de 1944,[18] y el padre Jacques, director del internado, fue deportado a Mauthausen, donde murió.

Louis Malle se estuvo preguntando toda la vida si, en el momento en que descubrió lo que ocultaba su amigo, no fue visto sin darse cuenta por algún niño, que lo habría señalado con una rápida mirada a la Gestapo. Desde un punto de vista racional, es improbable, pero desde un punto de vista imaginario, ¡vayan a saber![19]

Memoria traumática

Cuando se ha vivido una experiencia así, queda marcado en nuestro cerebro un circuito de memoria. Nos volvemos extremadamente sensibles a un tipo de información que a partir de entonces percibimos con más agudeza que los demás. Se construye así «el mundo oculto de la memoria implícita. [...] Cuando las experiencias pasadas influyen inconscientemente en nuestras percepciones, nuestros pensamientos y nuestros actos».[20]

El mundo que percibo con mi sensibilidad adquirida confirma la impronta de lo que he vivido: al haber estado en peligro, distingo con más facilidad todos sus signos. Los niños que han sido maltratados perciben el menor indicio que podría anunciar el maltrato: una mandíbula ligeramente crispada, una mirada de repente fijada o un minúsculo fruncimiento de ceño indican la preparación de un acto violento. Un adulto que nunca ha vivido esa experiencia dirá que son imaginaciones, que sin duda se exagera.

El recuerdo es una memoria diferente: voy a buscar a mi pasado las imágenes y las palabras que componen un guión que me representa. En las huellas de mi memoria solo tengo que construir recuerdos. La memoria de mi cuerpo no necesita guión para montar en bicicleta. Mis músculos y órganos del equilibrio han adquirido una habilidad física que no necesita recuerdos. Pero cuando Louis Malle recuerda su enigmática amistad con Jean Bonnet y hace una película sobre ella, es él quien organiza la representación de lo que ocurrió. Por eso puede creer que tal vez señaló a su amigo a la Gestapo, al igual que puede decidir hacer una película en memoria suya. No evoca el pasado, remodela su representación.

Así es como funciona más o menos la memoria traumática: una imagen clara sorprendentemente precisa, rodeada de percepciones borrosas, una certeza envuelta en creencias. Ese tipo de memoria parecida a una huella biológica no es inexorable, aunque esté grabada en el cerebro. Evoluciona en función de las relaciones que hacen que el cerebro reaccione de forma diferente. Cuando el medio cambia, el organismo que recibe otros estímulos ya no segrega las mismas sustancias. Cualquier trauma modifica el funcionamiento cerebral: la metilación del ADN y la aparición de histonas son las alteraciones más frecuentes. A partir de entonces la banda genética ya no se expresa de la misma manera y no prestamos atención a las mismas señales. Esas modificaciones epigenéticas son muy precoces:[21] conocemos en la actualidad la importancia del estrés prenatal y del empobrecimiento del nicho afectivo que rodea a un recién nacido. Si bien la madre es la principal organizadora de este nicho sensorial, ¡no se la puede hacer responsable de la guerra que destruye a su familia, de la precariedad social que deteriora su vivienda o de la violencia conyugal provocada por un marido alcohólico! En todos esos casos, el nicho afectivo que rodea a un bebé está empobrecido, y su cerebro ya no está armoniosamente estimulado.

Las condiciones adversas organizan un medio que puede perturbar el desarrollo del niño. La cascada de pequeños traumas cotidianos repite desgarros menos espectaculares que una catástrofe natural o una detención por la Gestapo, y sin embargo daña el desarrollo. Esas dificultades epigenéticas aumentan la vulnerabilidad del niño. A partir de entonces, cualquier cosa podrá herirle.

Cuando se consigue acabar con el problema social o relacional que ha empobrecido el nicho, cuando se ha podido enriquecer modificando las relaciones o cuando se ha propuesto un sustituto ambiental, esas vulnerabilidades neurológicas adquiridas pueden desaparecer.[22]

Eso significa que no todos los cerebros reaccionan de la misma manera según su estructuración anterior al hecho traumático. Un niño que, durante los primeros meses de vida, ha recibido la impronta de un apego seguro[23] es más difícil de herir que un niño que ya ha sufrido porque ha estado enfermo o porque su entorno precoz ha sido deteriorado por alguna desgracia.

El impacto de un suceso será menos traumatizante si, antes de la fractura, el niño que ha adquirido un apego seguro dispone de un valioso instrumento para el control emocional: la aptitud para verbalizar.

Se puede analizar ese factor de protección estudiando algunas situaciones que se producen espontáneamente, como en el caso de dos gemelos militares, de los que solo uno es enviado a la guerra y regresa traumatizado. Los tests que permiten evaluar la memoria visual y la memoria verbal han sido validados. Se constata entonces que el gemelo traumatizado obtiene un resultado muy flojo en memoria verbal.[24] Hasta podría decirse que tiene demasiada memoria visual, porque padece un síndrome psicotraumático en el que las imágenes del horror se imponen en su mundo íntimo.

Sin embargo, cuando se hace la misma evaluación en el gemelo no traumatizado, se constata que también obtiene un mal resultado en memoria verbal. Cabe pensar que esta debilidad verbal, en caso de un hecho terrorífico, habría permitido que también se desarrollara en él un síndrome traumático.

Hay otros estudios que demuestran que los soldados que saben manipular el instrumento verbal son menos vulnerables al síndrome traumático.[25] Cabe deducir, por tanto, que los dos factores de protección más valiosos son el apego seguro y la posibilidad de verbalizar. El hecho de ser capaz de hacerse una representación verbal de lo que nos ha sucedido y de encontrar a alguien a quien dirigir ese relato facilita el control emocional. El sentimiento de seguridad impide que la memoria visual se apodere del mundo íntimo e imponga en él imágenes de horror. Todos los traumatizados tienen una buena memoria de imágenes y una mala memoria de palabras.[26]

El desarrollo que debilita el alma y, en caso de desgracia, permite que se origine un síndrome traumático está determinado por un aislamiento sensorial y una dificultad para verbalizar, que son anteriores al trauma. Eso explica por qué, en una situación de horror, quienes han adquirido seguridad y han aprendido a comunicarse están menos traumatizados. Sin embargo, cuando hay que sobrevivir en condiciones adversas, los microtraumas repetidos a diario, puesto que aíslan e impiden la palabra, acaban por imbuirles una vulnerabilidad de la que antes se habían librado. Vivir en condiciones adversas provoca alteraciones neurobiológicas análogas a las de un trauma manifiesto: reducción del volumen hipocámpico que altera la memoria e impide controlar las emociones.[27]

En la memoria traumática se impone un recuerdo. La persona aislada ha adquirido una vulnerabilidad neuroemocional. Si, además, domina mal el instrumento verbal o si su medio le impide hablar, se reunirán todas las condiciones del sufrimiento traumático:[28] una vez fijada la memoria, el sujeto prisionero de su pasado no puede dejar de pensar en él y de padecer la evocación de los recuerdos.

Memoria viva

Si antes del trauma el sujeto había adquirido seguridad y hablaba correctamente, si después del trauma obtuvo el apoyo necesario y fue escuchado, la memoria evoluciona porque está sana. En ese caso, la representación de lo que le ha sucedido cambia con el tiempo y según el contexto familiar y cultural. Cuando la memoria está sana, los recuerdos se organizan.

Maria Nowak era muy joven cuando estallaron las persecuciones antisemitas en Polonia durante la Segunda Guerra Mundial. Muerta su familia y destruidas sus amistades, consiguió huir a Francia, donde pasó la guerra refugiándose debajo de una escalera. Unos años más tarde, en su época de estudiante, un amigo la invitó a cenar: «Me llevó a un bistrot del Barrio Latino. Ya en la mesa me dijo: "¿Tienes hambre?". Respondí: "No, estoy bien, ahora como todos los días"».[29]

Esta escena permite ilustrar cómo, cuando la memoria está viva, los recuerdos antiguos proporcionan una connotación afectiva a los hechos presentes. Maria había pasado hambre durante varios años. Para ella, «¿Tienes hambre?» no podía significar «Espero que tengas apetito esta noche». Esa pregunta solo le evocaba las penalidades que había pasado. Respondió a la pregunta presente con un significado pasado.

La contaminación afectiva del presente por el pasado se añade a las distorsiones inevitables de la representación de los hechos pasados. «Los nuevos recuerdos inevitablemente están influidos por los viejos recuerdos, lo que facilita que se produzcan distorsiones con relativa frecuencia.»[30]

Después de un accidente automovilístico, el traumatismo craneal provoca una amnesia temporal. Cuando, unas semanas después, se pregunta a los accidentados si han tenido amnesia, casi todos sitúan la interrupción entre el último recuerdo («Entraba en la autopista») y la reaparición unas horas o unos días más tarde («Estaba en la cama de un hospital»). Cuando se interroga a esas mismas personas uno o dos años más tarde, muchas veces sostienen que nunca tuvieron amnesia. Recuerdan que estaban atrapadas bajo las planchas, dentro del coche aplastado contra un muro. ¡No es difícil advertir que están describiendo las fotografías hechas por la compañía de seguros![31]

Después del atentado del 11 de septiembre de 2001 en Nueva York, se pudo observar el mismo fenómeno. La mayoría de los supervivientes de las Torres Gemelas, interrogados inmediatamente después del atentado, estaban más bien aturdidos, apenas comprendían qué había ocurrido, se mostraban lentos, confusos e imprecisos. ¿Qué ha ocurrido? ¿Estoy herido? ¿Ocurrirá de nuevo? eran sus preguntas habituales.

Al cabo de unos días, respondían mejor y empezaban a elaborar un relato claro. Después de un año, el informe era preciso: habían visto cómo un avión se empotraba en la torre, habían bajado las escaleras despacio, se habían cruzado con valientes bomberos, habían oído cómo chocaban contra el suelo los cuerpos de los que se arrojaban por las ventanas, habían limpiado el hollín del rostro de sus amigos...[32]

Habían reunido recuerdos dispersos para dar coherencia a lo impensable. Habían hecho converger la memoria de su cuerpo (el choque, el aturdimiento, el miedo, el cansancio) con los relatos colectivos (imágenes que tenían otra procedencia). Esta amnesia de la fuente, al dar una única representación de su tragedia, les permitía controlar su mundo mental. Se sentían mejor, pero los recuerdos que explicaban estaban constituidos por un mosaico de sensaciones distintas y de relatos mezclados.

Esa labor integradora de la memoria explica que existan con frecuencia falsos recuerdos, lo que no quiere decir mentiras. Uno puede acordarse de un hecho que no ha ocurrido jamás. Ese recuerdo utiliza fragmentos de memoria de imágenes y de palabras para dar una forma consciente a una sensación implícita: «Me acuerdo de repente de que me maltrató, recupero el recuerdo» no quiere decir forzosamente que me haya maltratado de verdad, sino que tomo conciencia de que me basta estar a su lado para tener la impresión de ser maltratado. Ese falso recuerdo expresa un sentimiento verdadero. Lo contrario también es frecuente, no es raro que niños que han sido terriblemente maltratados sostengan veinte años más tarde que jamás lo han sido. Cuando por fin son felices, ven el pasado de otra manera.

El simple hecho de escribir, de pensar con la mano acaba de modificar la historia que yo me explicaba. Durante mucho tiempo creí que había superado la fractura de la guerra, el caos de mis primeros años gracias a una especie de resistencia mental y, sobre todo, gracias al silencio que me había salvado la vida. Hoy comprendo que cuando era muy pequeño mi madre me imprimió un apego seguro. Ese estilo relacional que facilita el acercamiento me ayudó a no dejar escapar las manos que me tendían Margot Farges, Andrée Descoubès, André Monzie, André Lafaye, Marguerite la aparcera, un gendarme cuyo nombre ignoro y mil otras personas desconocidas cuyo rostro no reconocería; todos forman parte de mi historia sin palabras.

Creía ingenuamente que el fragor de la guerra bastaba para definir el trauma. Hoy me pregunto si el hecho de haberme visto obligado a callar cuando volvió la paz no fue un desgarro aún más grave.

2

Una paz dolorosa

Los adultos hablaban de «capitulación», de bombardeos sobre Berlín, de ocupación de Alemania. Los vales de racionamiento permitían comer un poco de pan negro con patatas y no solo tupinambos y colinabos. Los J13 (adolescentes) tenían incluso derecho a un cupón suplementario para chocolate. ¡Aquello era Jauja!

Escribir para superar el duelo

Había vuelto a casa de Margot, cuya familia se reagrupaba, y me instalé debajo de la mesa de la cocina, para estar tranquilo como en una cabaña. Cuando madame Farges dijo: «¿Es que no entiendes que sus padres no regresarán nunca, nunca?», se dirigía a Margot, cuyas piernas yo veía desde debajo de la mesa. No conservo ningún otro recuerdo de esa breve escena, pero esas palabras quedaron impregnadas en mi alma, y todavía hoy las sigo oyendo. En realidad, no las oigo, pero sé que fueron pronunciadas.

Lógicamente, esta escena debió de ocurrir en 1945. Mi padre se había alistado en el regimiento de voluntarios extranjeros en 1939, yo le había vuelto a ver de uniforme con ocasión de un permiso y otra vez en el campo de Mérignac, donde permaneció sentado, tranquilo y silencioso. Luego desapareció. Mi madre debió de ser detenida en 1942,[1] y nunca más volví a verla.

Esa frase que oí desde debajo de la mesa me sirvió de ritual de duelo. Había sido pronunciada casi a gritos porque madame Farges estaba enfadada. Hacía mucho tiempo que era huérfano, pero gracias a esa ceremonia involuntaria acababa de escuchar el anuncio de que tendría que enfrentarme a otra vida, sin ellos.

Recuerdo que entonces cogí un periódico que había detrás de la mesa y lo extendí en el suelo diciéndome: «Tiene que haber alguna información sobre mis padres, o una fotografía. No se puede desaparecer así sin más. Es absolutamente necesario que aprenda a leer para descubrir quiénes eran».

Hoy me sorprende la afinidad con Georges Perec. Su padre se alistó en la Legión Extranjera en 1939, como todos los judíos polacos y los republicanos españoles recién llegados. Desapareció. ¿Tal vez fue amigo de mi padre?

Su madre lo llevó a la estación de Lyon. Desapareció. Sin trauma evidente, sin violencia, de repente el desierto. El pequeño Georges, solo, se fue aletargando progresivamente. Internado en una institución en Villard-de-Lans, aturdido, esperó.

A los ocho años, cuando la guerra había terminado, comprendió que sus padres no regresarían nunca. Entonces decidió hacerse escritor para contar la historia de su vida en un libro que les sirviera de sepultura.[2] Animado por este proyecto, se convirtió en un buen alumno y se presentaba de manera ceremoniosa: «Me llamo Georges Perec, tengo ocho años, soy escritor».

Le conocí mucho tiempo después, cuando Perec era archivero en el hospital Saint-Antoine, pero no sabía que tal vez me había cruzado con él en Villard-de-Lans, donde yo estaba acogido en el Gai Logis, detrás de la iglesia. Imágenes de campos de nieve, recuerdos de cazadores alpinos. Admiraba mucho su uniforme azul y su gran boina, parecida a la que me hacían llevar a mí. Me decepcionaba un poco que esquiaran tan mal, y explicaba que los había visto saltar desde un trampolín a cien metros de altura. Nadie me creía, pero me daba igual, había salvado su imagen. Podía seguir admirándolos.

No sé por qué estaba allí. Caminábamos por la nieve, junto con otros internos, llevábamos un abrigo azul, pasábamos por delante de un gran colegio lleno de niños que corrían por un parque. ¿Estaba Georges Perec en el Gai Logis o en ese gran colegio?

Los dos momentos destacables de ese período eran las caminatas en la nieve para forjarnos el carácter y la misa. Me gustaba mucho esa ceremonia: los cómicos ropajes de los sacerdotes, la música, el incienso y el teatro en el que debíamos participar poniéndonos de pie, de rodillas, o murmurando extrañas palabras. ¡Qué hermoso espectáculo!

Lo que más me impresionaba eran las botas de un compañero. Todos llevábamos zapatos poco sólidos, en general con agujeros por donde penetraba el agua; en cambio, él llevaba unas botas de piel de media caña. Cuando teníamos que arrodillarnos para rezar, se las arreglaba para poner un pie por delante, adoptando la postura del tirador arrodillado, como el soldado de plomo que me habían dado. ¡Qué hermoso espectáculo!

No debí de permanecer mucho tiempo en el Gai Logis porque no pude aprender a leer. No se estaba mal allí: la nieve, los cazadores alpinos, la misa, las botas de piel, el tiempo transcurría apaciblemente.

Hasta el día en que una «monitora» me dijo: «Ve al pasillo, tu madre te espera». «¿Mi madre?» En efecto, una señora alta, guapa y elegante me miraba mientras me acercaba. Me acuerdo de su traje azul con adornos blancos y de su espectacular sombrero. Se inclinó y me dijo: «Soy tu madrina, la hermana de tu madre, me llamo Dora». No sé qué dijo a continuación.

Al día siguiente volvió. Era la hora de la oración. Vi que hablaba al oído de la monitora, que se acercó a mí y me dijo: «Ponte de pie al final de la clase. Ya no rezarás con nosotros. Eres judío».

Seguía sin saber qué era ser judío, pero descubrí que bastaba pronunciar esa palabra para ser excluido, incluso en tiempos de paz.

Dora se despidió diciendo que volvería a buscarme. Poco tiempo después, vino a visitarme un señor joven y simpático. «Me llamo Jacques, soy tu tío», me dijo. Me dio un castillo de madera y unos soldaditos de plomo con los que fingí entretenerme. Se marchó, perdí los juguetes.

Nada era como antes. Había encontrado a dos supervivientes de mi familia y, por primera vez en mi vida, me sentía solo, desgraciado.

Durante la guerra, tenía la muerte tan cerca que me sentía como aletargado, anestesiado. Bastaba que se me escapara una palabra, que un vecino me denunciara; cualquier nimiedad podía llevarme a la muerte. La torpeza de los maestros que me protegían haciéndome huir encapuchado ante la mirada de los otros alumnos, un cocinero que se enfadaba o una buena monja asustada bastaban para empujarme a la muerte. No sentía ni tristeza ni angustia, más bien era una no-vida antes de la muerte. Cuando se abandona la lucha, creo que se sufre menos. Tampoco era desesperación, porque el simple hecho de no morir para mí era una victoria.

La danza y la vida

La vida regresó al volver a casa de Margot, cuando Andrée Descoubès me llevaba a ver a las mujeres desnudas en el Grand Théâtre de Burdeos, cuando la gente se abrazaba en la place des Quinconces porque la bomba atómica había explotado en Hiroshima: la fiesta, ¿no? La felicidad que me rodeaba penetraba en mí suavemente y me devolvía el placer de vivir.

Esa llamita se extinguió cuando encontré los restos de mi familia. No podían hacer otra cosa, es evidente. Tenían que superar demasiados duelos: mi madre Nadia, mi tía Rose, muchos primos, parientes y, sobre todo, Jeannette, que había desaparecido a los quince años. No había sido detenida, ni deportada, ni asesinada: desaparecida. Tenían que encontrar un trabajo, una vivienda y rellenar toneladas de papeles para poder acogerme. Entretanto, rechazado porque no podía ni rezar ni ir a la iglesia e ignorando que existían las sinagogas, ya no podía jugar con mis amigos, que me mantenían a distancia.

El hecho de no pertenecer a un grupo y de esperar a esas dos personas que no conocía avivó la impronta de la soledad e hizo renacer los recuerdos de la época en que estaba escondido en el salón de la rue Adrien-Baysselance. Tras haber permanecido aislado durante la guerra, me encontraba abandonado después de la guerra, aunque no fuera el mismo sufrimiento.

Por aquel entonces se produjo un extraño fenómeno que me tuvo preocupado: ¡empecé a soñar, todas las noches, que estaba encerrado en una pecera! Veía el mundo exterior, pero no podía moverme ni gritar. En ocasiones esa pecera se llenaba de bolas que iban aumentando de tamaño a medida que rodaban hacia mí para aplastarme. A veces, veía a una princesita bonita y minúscula encerrada en otra pecera. Me hacía señales para que me reuniera con ella, aunque no podía moverme y las paredes de cristal eran infranqueables.

Esos sueños aparecen con frecuencia en quienes han sufrido un «encierro traumático».[3] Aprisionados por los muros, aletargados por el silencio, ven cómo viven los otros, desearían salir, existir por sí mismos relacionándose con ellos, pero es imposible, están envueltos en una gelatina translúcida que les impide moverse, están encerrados en una pecera desde la que pueden verlo todo, sin moverse ni decir palabra.

«Todo estaba sumergido en un silencio de pecera, como una escena vista en sueños.»[4] No es así como debe vivir un hombre. Debe tener un hogar, padres, amigos, una escuela y sueños. Un ser humano no puede vivir en una pecera, necesita espacio y palabras.

Tal como había prometido, Dora fue a buscarme. La encontraba amable, cálida y muy guapa. Vivía sola en una pequeña habitación de la rue de Rochechouart, cerca de Pigalle; sin agua ni calefacción, una cama que compartíamos, una mesa pequeña y unas cuantas estanterías en diez metros cuadrados, a lo sumo. En los años de posguerra, bastaba para ser feliz. La ventaja de esa habitación era que estaba cerca de su lugar de trabajo, el Roxy, donde era bailarina. A veces me llevaba con ella a ese lugar maravilloso. Las grandes escaleras, los espejos, la luz azul, la moqueta y la música creaban un ambiente lujoso y festivo. Me encantaba. Nunca había visto un palacio tan bonito. Dora no paraba de reír, era un momento de auténtica felicidad compartida.

Entre el Roxy y la rue de Rochechouart, vivía en el cielo. Pero incluso en el cielo hay sombras. Dora volvía del trabajo hacia las tres de la mañana, y yo me quedaba solo en la minúscula habitación. En cuanto empezaba de nuevo el aislamiento, volvían los balanceos y las vueltas. Recuperaba los movimientos autocentrados que habían aparecido en la época de mi aislamiento en la rue Adrien-Baysselance en Burdeos, durante la guerra. El único otro era yo mismo. Todos los niños que viven en un aislamiento sensorial acaban reaccionando así, lo que constituye un indicio de trastorno del desarrollo. Afortunadamente, bastaba que apareciera alguien para que mi impulso hacia él hiciera desaparecer esos movimientos estereotipados. Nadie podía verlos, porque solo aparecían en momentos de aislamiento.

Durante el día, Dora dormía, pero yo podía ir a la escuela de la rue Turgot. Iba a escribir «por suerte», pero no lo diré porque lo pasé muy mal. Recuerdo una clase superpoblada y mal iluminada. Y, sobre todo, conservo muy mal recuerdo de una maestra que llevaba un moño. Me habían puesto en la clase que me habría correspondido si hubiera tenido una escolarización normal.

Iba retrasado. Apenas empezaba a leer y a escribir, y no sabía que en los exámenes no había que copiar del libro de texto que yo había puesto con toda naturalidad sobre la mesa. La maestra se me acercó a pasitos cortos y de repente me tiró del cabello, con gran regocijo de mis compañeros de clase.

Historia de la mujer de Lot

Yo no entendía nada. Me sentía mal en la escuela y era rechazado a la hora del recreo. Dora bailaba de noche y dormía de día. Estaba solo. Por suerte, Dora poseía dos grandes libros cuyas imágenes admiraba. Era una Biblia ilustrada por Gustave Doré. Con ella aprendí a leer. En aquel libro encontraba historias terribles y maravillosas, templos que se derrumbaban sobre miles de hombres, niños abandonados en el desierto o degollados en su cama, hermanos mayores que vendían al pequeño, ejércitos enteros ahogados con los caballos. Maravilloso. Horrible. La vida normal, ¿no?

Entre las hermosas imágenes y esos textos que intentaba descifrar, la historia de Lot se me quedó grabada en la memoria. Todavía hoy recuerdo con nitidez la parte izquierda de la imagen oscura donde el talento de Doré destacó a Lot huyendo con sus hijas. En la parte derecha, iluminada por el incendio de una ciudad, Sodoma o Gomorra sin duda, la mujer de Lot se volvía y, con un gesto implorante, tendía los brazos y se inmovilizaba transformándose en estatua de sal.

Contemplaba a menudo ese grabado, que adquirió para mí un valor moral: eso es lo que ocurre cuando se piensa en el pasado. La sal de nuestras lágrimas nos transforma en estatuas y la vida se detiene. No vuelvas la vista atrás si quieres vivir. ¡Adelante, adelante!

Esa historia edificante me sirvió de estrategia durante buena parte de mi vida. Adelante, no te vuelvas, no pienses más en tu pasado, de él solo sacarás lágrimas. El futuro será de color de rosa. ¡Adelante!

¿Es así como me habló la historia de Lot o soy yo quien la hago hablar así? Podría haber sacado otra moraleja. «Todo el mundo conoce la versión oficial del capítulo 19 del Génesis. En Sodoma, como en Gomorra, exactamente al sur del mar Muerto [...], la corrupción estaba extendida y la sexualidad desbocada.»[5] En medio de este mar de vicio, la familia de Lot era virtuosa, ¡hasta había acogido a dos extranjeros! Así que Dios les permitió huir antes de la destrucción de aquella tierra de desenfreno. La mujer de Lot, añorando tal vez aquellos momentos de fiesta, se volvió, ¡por última vez!

Así es como habría podido interpretarla. Hace poco he buscado el grabado de Gustave Doré que evocaba la historia de Lot. Los dos libros están aún en mi biblioteca.[6] Los he hojeado cuidadosamente. He repasado todos los grabados cuyo recuerdo conservo nítido en la memoria, casi al detalle. Guardo las imágenes de Isaac llevando la leña de su propio sacrificio, de José vendido por sus hermanos, de Moisés rescatado de las aguas, de la muerte de Saúl con el pecho atravesado por una espada y de Sansón derribando las columnas del templo, imágenes que cautivaron mi alma de niño.

Todo está grabado en mi memoria con una precisión asombrosa. Todo, excepto la huida de Lot, ¡que no encuentro! Y, sin embargo, la estoy viendo, se lo aseguro, la veo en aquel libro de páginas amarillentas. Es indiscutible, pero no está. Debí de verla en otra parte y, como hojeaba a menudo esta Biblia, la puse en ella, donde era lógico que estuviera. ¡Lógico, pero falso!

He concedido mucha importancia a ese recuerdo falso (debería haber dicho «a ese recuerdo reconstruido a partir de fuentes distintas»), porque esa imagen me hablaba. Me decía esas gratas palabras: «Podrás vivir si lo deseas, a condición de no mirar hacia tu pasado».

¡Fácil!

Evitar la representación inquietante del pasado me permitía no angustiarme, no cavilar en exceso y no deprimirme. Pero al impedir la verdadera representación de mí, perturbaba la relación con los demás. Me sentía alegre, en paz y, de repente, cuando una palabra o un acontecimiento evocaban la ruina de mi infancia, me callaba.

En tiempos de paz, habría podido explicar lo que había ocurrido. No era «indecible», como se pretende hoy en día. Tal vez incluso, si hubiera encontrado un medio que me proporcionara seguridad, habría podido contar la guerra de una forma banal. «La guerra de una forma banal», ¿entienden? ¿Es que se puede contar «de una forma banal» la locura asesina? Esta expresión no es correcta, no era una locura asesina: una simple palabra pronunciada sin querer, un papel para firmar, la mirada de un vecino... bastaba para provocar la detención, una estrella amarilla oculta bajo un chal, justo antes de saltar por la ventana. El horror se expresaba en la banalidad, ¿cómo se puede comprender esto?

Callándome, hacía creer que había salido indemne de la guerra. ¿Es posible? ¿Es normal parecer normal después de una pesadilla diaria? No decir nada de la persecución me beneficiaba: «Adelante, adelante», como le hacía decir a Lot. Era una forma de adaptación, pero no era normal. Mi entorno era cómplice de esa negación. Los heridos se sentían felices mostrándose fuertes y sonrientes después del fragor de la guerra, y los allegados se sentían aliviados al no tener que enfrentarse a las cuestiones planteadas por la persecución.

En la época en que recibía el afecto de Dora y vivía las fiestas lujosas del Roxy, me desesperaba ser una nulidad en la escuela. Mis pésimas calificaciones confirmaban mi inferioridad, como la habían afirmado los alemanes y sus aliados colaboradores. Como yo no entendía nada, tenían razón en despreciarme y tal vez incluso en haber querido eliminarme.

La guerra es hermosa, dicen

En aquella época los niños gozaban de total libertad en la colina de Montmartre. Tenía un compañero con el que corría por todo el barrio. Las plazas de Anvers, de la Trinité, de Montholon, y los jardines del Sacré-Cœur nos ofrecían buenos espacios de juego. Nos citábamos por la mañana y volvíamos por la noche. Nadie se preocupaba. Jugábamos al fútbol en medio de la calle, ya que en 1948 prácticamente no pasaban coches. Entrábamos en los cafés para pedir un vaso de agua y un trozo de pan. ¡Era la libertad, una fiesta!

Me acuerdo de la mañana en que mi amiguito me dijo con mucha amabilidad: «Mi madre no quiere que juegue contigo porque eres judío». Al separarnos, nos estrechamos la mano.

Creo que no me sentí triste. Simplemente me embargó una sensación de vacío. Un vacío insospechado, saben, como una sombra imprevista en una representación clara: ¡de repente, un enigma! El mundo era simple y, bruscamente, apareció una pregunta sin respuesta. Su padre había muerto en la guerra, como el mío. Su madre era pobre, como Dora. Mi amigo vivía con ella en una minúscula habitación sin ninguna comodidad, como nosotros. Yo era una palabra que designaba no sé qué, que me privaba de la amistad y de un día de libertad.

Los demás conocían ese «yo-no-sé-qué» que me caracterizaba. Una noche vino a buscarme un amigo del barrio para que le explicara mi historia a su padre. Acepté encantado, por fin no tenía nada que ocultar, ¡banal, como todo el mundo! Cuando entré en la joyería paterna, había tres o cuatro adultos, uno de ellos sentado, probablemente alguien muy importante. El padre (recuerdo su gran nariz y la bata gris) me dijo: «Explícale a ese señor lo que te sucedió». Debí de cargar las tintas, pues me sentía como en un escenario delante de cuatro espectadores, y el más importante sentado. No recuerdo qué dije, pero como esa puesta en escena hacía que me sintiera importante, debí de decir la verdad explicándola demasiado bien.

Lo que hizo que el hombre importante pusiera mala cara fue el relato de mi evasión. Me pidió detalles a los que creo que respondí con claridad. Entonces me tendió una moneda agujereada (cincuenta céntimos probablemente) y dijo: «Sabes contar buenos cuentos, ve a comprarte caramelos».

¿Buenos cuentos? No eran historias falsas.

La fractura de mi infancia me colocaba en una situación de excepción. Si hubiera hablado durante la guerra, me habrían matado. Cuando hablaba en tiempo de paz, no me creían.

Relatar la vida no es exponer una cadena de acontecimientos, sino organizar nuestros recuerdos para poner en orden la representación de lo que nos ha sucedido y, a la vez, modificar el mundo mental del que escucha. El sentimiento que se experimenta tras haber hecho el relato de uno mismo depende de las reacciones del otro: ¿qué hará con lo que le he dicho? ¿Me matará, me ridiculizará, me ayudará o me admirará? El que calla participa en el relato del que habla.

¿Por qué me habían pedido que contara esos acontecimientos excepcionales que yo prefería callar? Cuando los exponía, me sentía anormal: orgulloso o avergonzado, según cuál fuera la mirada del otro. Me sentía en paz cuando ya no tenía nada que ocultar, pero, en conjunto, la reacción del entorno me empujaba hacia lo no-dicho. Cuando un adulto no me creía, cuando se reía de mi «inventiva», cuando un amigo se negaba a jugar conmigo, me resignaba al silencio.

En aquella época tenía nueve años y habría podido explicar que en medio de la calamidad de la guerra había vivido momentos de felicidad. Conservaba el recuerdo de algunas imágenes tiernas y alegres con mi madre, estaba orgulloso de que mi padre se hubiese alistado en la Legión Extranjera. Habría podido explicar la alegría de las comidas en familia con los Farges: Suzanne, que quería enseñarme a comer como un gato; Margot, que había decidido que me encantaban las cabezas de conejo (que me horrorizaban); la comicidad de Radio Londres; la calidez de esa familia hasta el día en que fue necesario mantenerme aislado en una habitación.

Pasé buenos momentos cuando dormía sobre la paja en la granja de Pondaurat, junto al grandullón que me llamaba «Chiquitín» y los braceros que me emborrachaban para divertirse. Pero eso no interesaba a nadie. Preferían que hablara de la fosa de purines donde chapoteábamos, de los modales bruscos de la aparcera y de cuando casi me ahogué el día que fuimos a pescar. La desgracia de los otros es mucho más interesante.

Conservo un buen recuerdo de algunos días en la escuela, a la que pude asistir gracias a la protección que me procuraba el nombre de Jean Laborde (o Bordes). El día empezaba de modo festivo cuando había que cantar *Maréchal, nous voilà*. Me sentía feliz pensando que un mariscal me esperaba y confiaba en que yo trabajaría por la grandeza de Francia.[7]

En Castillon, era feliz cuando corría por el campo con mi amigo pobre y robaba uva moscatel hasta ponerme enfermo.

Pasé veladas magníficas en el Roxy cuando veía a Dora bailar con los norteamericanos, charlar alegremente con los acróbatas y aplaudir a Maurice, que, según decían, bailaba mejor que Fred Astaire.

¡Qué felicidad! De verdad, eran hechos maravillosos. Pero había otro relato que llenaba mi alma, el de una sucesión de tragedias que era imposible explicar porque mi entorno no deseaba oírlas.

No todo era de color de rosa en nuestras relaciones. Dora no me reprochaba que fuera un mal estudiante. Lo que la apenaba era que yo no daba brincos ni saltaba al cuello de sus amigos. Mi contención la decepcionaba. En su generosidad, soñaba con acoger al hijo de su hermana favorita. Para ella, eso significaba la vuelta de la paz, la felicidad recuperada, la continuación de su vida familiar. Deseaba ocuparse de un niño saltarín y afectuoso. Sin embargo, se encontraba con un pequeño anciano de nueve años.

Dora tenía muchos amigos entre los bailarines. Cuando llegaba alguno, me daba un empujoncito diciendo: «¡Vamos, corre, dale un abrazo!». Yo no sabía hacerlo, aunque me gustaba mucho ver a Fred Astaire o al Corso acróbata, cuyas fotografías admiraba en las paredes de los cabarets de Pigalle. «Los niños dan brincos», me decía Dora decepcionada. Desde hacía tiempo, yo ya no era un niño.

Fue entonces cuando Margot quiso adoptarme. Estaba en una posición favorable porque tenía trabajo, marido y una familia conocida. Mis dos madres de sustitución entraron en conflicto. Volvió el caos. La primera consecuencia de una desorganización del medio en torno a un niño es que se vuelve incapaz de ordenar su propia representación del tiempo. Todavía hoy, el recuerdo de esa época regresa a través de flashes, no veo más que clichés sobreexpuestos rodeados de sombras chamuscadas.

Me veo de nuevo en una institución cuyo nombre no conozco.[8] La casa es grande, está limpia y vacía. Los niños todavía no han llegado. Debo de ser el primero. Los dos monitores no hablan nunca, no hay nada organizado, ni escuela, ni actividades, ni juegos, nada. En torno a esta casa, un paisaje montañoso, una enorme pared rocosa al otro lado de la carretera, y más abajo un río al que llaman «el Bourne». No sé dónde estoy. Deambulo solo, intento hacer algo. Nada me entretiene. Empiezo de nuevo a dar vueltas y a balancearme.

Me salvaron las hormigas. Cerca de la puerta de entrada, en el jardín, a la izquierda, había visto como una vibración en una roca. Al acercarme, pude comprobar que se trataba de una fortaleza de hormigas aladas. Se veían las galerías por donde circulaban los insectos y, en la superficie, las bases desde donde despegaban en escuadrón grandes hormigas de color cobrizo. Fue como un flechazo: cerca de mí, en medio de mi desierto afectivo, ¡había un mundo apasionante! Al día siguiente, como en esos espectáculos cinematográficos, unas pequeñas hormigas negras atacaron el campo de las hormigas voladoras ¡para robarles los huevos! Vi cómo entraban en las galerías y salían haciendo rodar enormes huevos blancos que se llevaban lejos de allí. Movimiento envolvente de las hormigas aladas, nuevo ataque de las hormigas negras, almacenamiento de huevos, combates, fugas. Jamás había visto un espectáculo tan apasionante. Nunca me había planteado tantos problemas humanos como viendo a las hormigas: ¿así que basta con estar vivo para organizarse en sociedad? ¿Por qué las hormigas negras se apoderan de las crías de las hormigas cobrizas? Cuando uno es pequeño, ¿puede ser fuerte a pesar de todo? Gracias a las hormigas, empecé mi formación como formulador de preguntas y descubrí que a veces el mundo está encantado.

Poco a poco los niños fueron llegando a aquella casa. Pequeños zombis tristes con los que apenas tenía trato. Había menos vida en aquella institución gris que en plena guerra, en la granja de Pondaurat, en el campo de Castillon y en las calles de París después de la Liberación. Es difícil vivir cuando todo está aletargado.

En aquel ambiente de atonía hubo dos hechos destacados: descubrí la fantástica belleza del amanecer y la extraña satisfacción que me producía trepar a todo aquello que podía ser escalado.

Me despertaba muy temprano y me subía a un lavabo para agarrarme a un ventanuco donde aguardaba la salida del sol. Permanecía mucho tiempo en esa postura, porque recuerdo el dolor en las rodillas apoyadas en el alféizar de la ventana y el cansancio de las manos agarradas a la manilla. Finalmente, salía el sol. Disfrutaba de cada rayo y luego, maravillado, me volvía a la cama.

¿Por qué tenía que subirme a todas partes? Sin duda, a todos los niños les gusta trepar. Pero en aquella institución había descubierto un pasillo estrecho que conducía a los lavabos. Si apoyaba los pies en una pared y pegaba la espalda a la otra, podía subir hasta el techo y mantenerme allí sin esfuerzo. Esa proeza me proporcionaba una sensación de seguridad sorprendente. Me pregunto si no estaría pensando: «Mientras pueda trepar, puedo escaparme». No debí de pensarlo en estos términos, pero el hecho de trepar adquiría el significado al que hoy le atribuyo esta forma verbal.

Fuera lo que fuese, mientras trepaba pensaba en mi evasión. ¿A quién podía explicárselo? ¿A los adultos indiferentes? ¿A mis compañeros aletargados? Trepar tenía para mí el significado de una evasión que siempre era posible, como si me narrara a mí mismo un relato sin palabras: «No temas nada, no hay ninguna prisión hermética».

De modo que trepaba, en el pasillo de los lavabos, pero también por las paredes y por columnas de piedra tan anchas que no podía abarcarlas con los brazos. Pese a todo, conseguía alcanzar la cima con enorme riesgo, en presencia de algunos compañeros mudos de asombro.

Cuando oí hablar del Oignon, una pared rocosa tan curvada que solo los buenos escaladores conseguían franquear, decidí acometerla. El portal de la institución estaba cerrado, pero se podía salir con facilidad alzando la alambrada que rodeaba el jardín. Arrastré en mi escapada a un compañero cuya amistad deseaba, porque su madre iba a verlo de vez en cuando. Si tenía una madre que le quería, tenía la impresión de que valía más que yo. El mero hecho de frecuentarlo daba importancia a nuestra amistad.

Creo que se llamaba Capitaine. Es demasiado hermoso. Vayan a saber, quizá es cierto.

Seguimos el sendero de aproximación, pero quedaba bloqueado en la primera pared, sin posibilidad de subir o de bajar. Le aconsejé a mi amigo que se quitara los zapatos para sentir mejor la roca bajo sus pies. Como no podía trepar sujetándolos con la mano, quiso lanzármelos. Recuerdo la sensación de angustia cuando no pude alcanzar el zapato y lo vi caer abajo, entre los arbustos. Para mi amigo fue una tragedia, expresada con gritos y llantos. Tuve que continuar solo hasta la cima, luego bajé corriendo por el caminito de detrás del Oignon a avisar a los adultos. Nadie me hizo el menor reproche.

¡Qué idea explicar ese recuerdo! Tal vez he querido demostrar que el significado que se atribuye al presente hunde sus raíces en un hecho pasado. Trepar significaba para mí: «Siempre hay una libertad posible», debido a mi evasión. Para mi amigo, el significado era completamente distinto: «Mamá se pondrá furiosa, he perdido un zapato. Es una desgracia para mí».

Sufrir por la realidad no tiene el mismo efecto que sufrir por la representación de esa realidad. Durante la guerra, estaba atrapado por la urgencia del contexto. Vivía en un mundo inmediato en el que no tenía suficiente perspectiva para hacer una representación. Cuando tomamos conciencia, elaboramos una representación de imágenes y de palabras, y evocamos en nuestra película interior algunos guiones almacenados en la memoria. Al contarnos nuestra propia historia, esas películas íntimas colaboran en la construcción de nuestra identidad.

Durante el período de la guerra, ese proceso de la memoria no es posible. Hay que vivir rápido, comprender y decidir, pasar a la acción en vez de analizar. Esa adaptación permite la supervivencia, pero no la representación de lo sucedido. Se capta una información inquietante a la que se reacciona al momento. Se puede resolver un problema sin comprenderlo, como cuando se monta en bicicleta. Se tratan todas las informaciones sin tomar conciencia de las mismas. No hay emoción, no hay análisis; la ausencia de sentimientos y la acción bastan para dar fuerza. Además, después de la acción se experimenta una sensación de euforia, el placer de haber burlado a la muerte. Se trata de una extraña asociación entre la ausencia de sentimientos, la acción y la euforia que produce.

Durante la guerra, la anestesia de la muerte inminente alternaba en mis emociones con el placer de la vida recuperada. Sentía la felicidad de dormir sobre la paja tras haber estado a punto de morir en una marmita, la alegría de dejarme emborrachar por los adultos para montar la juerga tras haber estado privado de relaciones, la diversión de ser detenido por hombres armados tras haber permanecido aislado durante meses.

Cuando se restableció la paz, cambió la naturaleza de las transacciones. Desde aquel momento, la idea que me hacía de mí mismo debía concordar con la idea que los otros tenían de mí. La realidad se volvía accesoria, solo contaba su significado. La sensación de letargo o de alegría ya no era provocada por la percepción de una situación, sino por los relatos que uno se hacía de ella. A partir de entonces experimentaba un sentimiento, es decir, una emoción provocada por una representación.

En todos los países en guerra se observa esta reacción paradójica: los niños parecen fuertes durante la guerra y luego se derrumban. Algo saben de esto los libaneses: «En julio de 2006, cuando se produjeron los bombardeos israelíes, Ali, de cuatro años, vivía en Caná. El edificio en el que se había refugiado con sus padres y su hermana Zeinab se derrumbó».[9] De entre los escombros sacaron a la madre, Roula, pero Zeinab había muerto y Ali, herido en la cabeza, estaba en coma. Creyéndolo muerto, un vecino lo llevó a una casa donde se amontonaban los cadáveres. El niño recuperó el conocimiento, solo, entre los cuerpos destrozados y los perros que rondaban en torno a los despojos.

Quince días más tarde, el niño se mostraba alegre y activo. Decía que su hermana era feliz en el paraíso. Dormía bien, hablaba tranquilamente y dibujaba tanques israelíes atacados y destruidos por los resistentes libaneses. En la escuela era muy buen alumno, orgulloso de tener mártires en su familia. Decía que cuando fuera mayor sería soldado. El entorno hablaba con admiración de resiliencia.

Dos años más tarde se restableció la paz y los libaneses empezaron el proceso de reconstrucción. La madre de Ali llevó a su hijo al centro médico-psicológico de Tyr. El niño se mostraba agitado, inquieto, destruía todos los dibujos, los suyos y los de sus compañeros, rompía las cosas y respondía con agresividad. Tenía miedo de que mataran a su madre.

Esta evolución, frecuente en los niños de la guerra, permite pensar que el *coping* no es la resiliencia. El *coping* consiste en enfrentarse a la prueba en el momento en que se presenta. El niño desafía a la desgracia con su pequeña personalidad ya construida. Combate lo que hay a su alrededor con lo que hay en él.

Se hablará de resiliencia más tarde, retroactivamente, cuando el niño tenga que enfrentarse en su memoria a la representación de lo que ha sufrido. El *coping* es sincrónico, la resiliencia es diacrónica.

Uno se enfrenta a la prueba con lo que es en aquel momento. Tiempo después, cuando se piensa de nuevo en ella, se trata de comprender lo que ha ocurrido para poner fin a la confusión, para controlar la representación. El hecho trágico se inscribe en un relato de sí mismo para darle sentido y emprender una nueva forma de vida.

En el momento del bombardeo, Ali tenía la seguridad que le proporcionaba su familia, sus amigos y la familiaridad de su barrio. Estaba en su casa. La escuela, el mercado, los vecinos: todo era estable y tranquilizador. A los cuatro años, la idea de la muerte no está del todo desarrollada, todavía no se ha adquirido la noción de irreversibilidad. Por tanto, Ali no podía sufrir por la muerte de su hermana, pero sí echar de menos su presencia y sus juegos.

Dos años después de los bombardeos, una vez restablecida la paz, todo se derrumbó en el nicho afectivo de Ali. Su padre, herido, no podía trabajar. Su madre, agotada y deprimida, solo pensaba en la muerte de su hija. El hogar de Ali se tornó triste y doloroso. En el barrio destruido, el único discurso entre los adultos era el del odio. El nicho afectivo que rodeaba a Ali le abrumaba y no le permitía iniciar un proceso de resiliencia.

Elissar y Jalil no cesaban de repetir: «Odio este país [el Líbano]. No te da nada cuando tu familia es inexistente. [...] No hay amor. [...] Me ahogo. [...] Los libaneses solo saben vivir en guerra. Están en guerra con ellos mismos. Quiero irme».[10]

Los niños en la guerra no son los niños de la guerra. Durante la batalla se implican si su memoria está impregnada de un apego seguro que les da confianza y si, a su alrededor, sus padres preservan una base de seguridad, ¿por qué se van a asustar? A la mayoría de los niños londinenses les encantaban los bombardeos durante la Segunda Guerra Mundial. Te despiertan de noche, te envuelven cariñosamente en las mantas, bajas al metro, te sientes protegido junto a las personas que quieres. Te cruzas con desconocidos que también protegen a sus hijos y te sonríen con amabilidad. Te vuelves a dormir después del ruido de las bombas, a lo lejos, muy por encima de nosotros. ¡Qué suceso tan agradable!

¡Creo incluso que ese tipo de agresión refuerza el apego! No se suscita el apego de un niño atiborrándolo, lo único que se consigue es empalagarlo. El vínculo se teje proporcionándole seguridad y jugando con él. Pero para ello hace falta que el propio padre transmita seguridad, y no miedo, como esos ingleses que durante los bombardeos de Londres bajaban sonrientes a refugiarse en el metro. Además, para que el padre adquiera un efecto tranquilizador, ¡es preciso que en el contexto exista una agresión inquietante! Lo que refuerza el vínculo es la transacción entre el efecto tranquilizador del padre y la agresión del medio.[11]

Adorábamos los combates aéreos. En cuanto oíamos a los aviones acercarse y dibujar en el cielo curvas imprevistas, nos precipitábamos fuera para asistir al espectáculo. Y cuando un avión era alcanzado y surgía una humareda negra que precedía a las llamas, y entraba en barrena, ¡nos encantaba! ¡Qué gran espectáculo! La realidad era peligrosa, pero no nos preocupaba porque nos habían explicado que bastaba oír el silbido de las bombas para saber que caerían lejos. ¡Ni siquiera teníamos miedo!

Cuando los norteamericanos bombardearon las hermosas ciudades bretonas para liberarnos del nazismo, los padres aplaudían y los niños, maravillados, saltaban a su alrededor viendo caer las bombas. Hubo que protegerlos y enviarlos con familiares lejanos. Allí estaban realmente protegidos, pero, al estar privados de su base de seguridad paterna, en cuanto oían los aviones, gritaban de angustia. En cambio, en presencia de un padre tranquilizador, «la alarma significaba [...] estar bajo la protección de mi madre, que solía darme una golosina, sentir cierta fascinación por el ruido de las explosiones y la intensidad de las luces, y después experimentar una especie de alegría distendida [...], como una banderita victoriosa: no nos han alcanzado».[12]

La estructura de la agresión estructura la reacción traumática. No se puede decir: «El bombardeo provoca trastornos psíquicos». Se puede decir: «El bombardeo provoca muerte, mutilaciones, ruina». Pero, para que haya trastornos psíquicos, es preciso que haya una desorganización familiar y social.

A todos cuantos han estado junto a niños en tiempo de guerra les ha sorprendido la exactitud de sus observaciones. Cuando los adultos hacen fotografías y después piden a los niños que «dibujen la guerra»,[13] se quedan estupefactos por su precisión: «Nos ha sorprendido la objetividad de ciertos dibujos. [...] El niño testigo ocular se encuentra probablemente en un estado de trance, como si todo ocurriera lejos, en otro mundo, y en cambio está allí y mira».[14]

Ese estado de trance corresponde a la memoria traumática: fascinado por lo que sucede, el niño graba la imagen en su memoria. El contexto que carece de interés no se almacena en la memoria. Esta memoria, que tiene una visión limitada, fija una imagen precisa rodeada de nebulosa. Cuando el contexto aporta seguridad, el suceso no es traumatizante. En cambio, cuando la familia y la cultura se hunden, la misma imagen pasa a ser estremecedora y angustiosa. Domina durante el día y vuelve por la noche, en las pesadillas que facilitan la huella mnémica.

Toda una parte de mi desarrollo, en una época sensible de mi vida, fue estructurado por la guerra. ¿Realmente merecí morir? ¿Quién soy yo para haber podido sobrevivir? ¿Soy más fuerte que la muerte? ¿Traicioné para tener derecho a vivir? ¿Cómo voy a vivir si lo que me sucedió no puede ser compartido? ¿Debo hablar de todos modos y provocar reacciones que me desorientan? ¿Por qué se ríen? ¿Por qué no me creen? ¿Por qué se enfadan? ¿Por qué me hacen callar? Por qué dicen: «Eso no es nada... la vida continúa... de dónde sacas todo esto... nosotros también lo pasamos mal, no teníamos mantequilla».

Algunas ordalías íntimas

Esta discordancia entre el sujeto preocupado por su historia y el entorno que no quiere ni oír hablar es habitual en todas las culturas. Después del autogenocidio de Pol Pot en Camboya, cuando un superviviente intentaba decir que se morían de hambre, de agotamiento y de miseria, la gente del entorno alzaba los hombros y explicaba altaneramente: «Deja de quejarte, nosotros también lo pasamos mal, ¡teníamos que matar el cerdo a escondidas!».[15]

Cuando la desgracia de los otros es inimaginable, la comparamos con nuestras pequeñas miserias. Esta reacción que protege al entorno aísla al infortunado. Debería haber dicho: «[...] lo que aísla en él la parte de su historia que no puede compartir». La «cripta» individual[16] que se incrusta en el alma del herido se instala en él por la reacción disonante de sus allegados y de su cultura.

El herido, fascinado por su desgarro mudo, se ve obligado a buscar en su interior las soluciones a su problema. Así que yo me ponía a prueba para demostrarme que tenía derecho a vivir. He acabado por comprender que después de la Liberación me infligía pequeñas ordalías para probarme que la desgracia no me dominaba. Me ponía en peligro para probarme que la muerte no era inexorable. Me llevaron a una institución en Tarnos, cerca de la bahía de Arcachon. Conservo muy mal recuerdo de ese lugar. Los dormitorios eran inmensos, cuatro hileras de entre diez y veinte camas, y más grandes aún eran los comedores, donde varios centenares de niños armaban tal ruido que los educadores forzosamente tenían que recurrir a la represión para lograr que reinara una calma relativa.

La multitud favorecía el anonimato. Jugábamos en pequeños grupos a juegos con cuchillos o a peleas entre clanes que, lejos de los adultos, constituían un acontecimiento y ocasionaban heridas y algunas alianzas. Gracias a esas batallas, conseguí dominar una especialidad: había que trepar a un árbol para acechar la llegada de los adversarios, pero en lugar de descender por el tronco, me alejaba de él todo lo posible hacia el extremo de las ramas, hasta que estas se doblaban bajo mi peso. Entonces me dejaba caer, y frenaba la caída agarrándome al extremo de las ramas. Causaba gran sensación. Los profesores iban a ver cómo realizaba esta proeza que me reconfortaba, ya que utilizaba mis habilidades de escalador para conseguir que me admirasen y para probarme que siempre es posible controlar una situación, incluso cuando el riesgo es grande.

La guerra me había despersonalizado. Me habían arrebatado a mis padres, me habían detenido, encerrado, condenado a muerte, me habían escondido para protegerme, me habían encapuchado para hacerme huir, me habían encerrado en habitaciones oscuras, en marmitas, en casa de gente que no conocía. Ya fuera para destruirme o para protegerme, no era dueño de mi vida. Al desafiar a la muerte, me personalizaba de nuevo.

De vez en cuando nos llevaban a bañarnos a Capbreton. Los adultos nos habían dicho que tuviéramos cuidado con la marea baja y con los remolinos que provocaba. Así que decidí convertirme en un buen nadador para sumergirme en los remolinos... ¡y lograr salir!

En Castillon les conté a unos adultos desconocidos cómo me había escapado encajándome bajo el techo y hundiéndome luego debajo del colchón de una mujer moribunda. Uno de los presentes dijo: «Suerte que no estornudaste. El soldado alemán te habría matado». De inmediato decidí meterme briznas de hierba en la nariz para provocarme ganas de estornudar y reprimirlas. ¡Funcionaba! Tenía los ojos llenos de lágrimas y a veces me sangraba la nariz, pero no estornudaba. De este modo me probaba a mí mismo que era más fuerte que las circunstancias. Podía trepar a toda velocidad, dejarme caer por los extremos de las ramas de los árboles, sumergirme en los remolinos y no estornudar. Era libre si yo lo decidía. Bastaba flirtear con la muerte. Esas ordalías íntimas debían de parecer absurdas a los observadores adultos. Pero en mi vida de niño destruido por la guerra, esos pequeños juicios de Dios me ayudaban a tomar de nuevo posesión de mi mundo.

Repetí durante mucho tiempo esos extraños comportamientos que solo se dirigían a mí haciéndome correr riesgos. Creo que si más tarde me atreví a estudiar fue gracias a ese valor enfermizo. Si hubiera sido equilibrado, me habría adaptado a la vida de niño disminuido que mi entorno me proponía: «Pero, hijito, ¿cómo vas a ser periodista o médico con todo lo que te ha pasado?». La compasión habría sido mutiladora.

«¿De qué hablan las lágrimas?»[17] Nunca lloré, ni por la muerte de mis padres ni por mi infancia en agonía. Nada que decir; era demasiado pequeño para un duelo. Las costras no duelen, la carne está muerta, simplemente. Las lágrimas aparecieron más tarde, en casa de Dora, cuando gracias a ella y al hogar que me ofrecía la vida regresó a mí.

«No olvides que tu espíritu está modelado por las experiencias más banales. Decir que un hecho es banal significa que es uno de los que más han contribuido a la formación de tus ideas esenciales.»[18] Cuando los padres de Gabrielle desaparecieron en 1943, a la niña la enviaron al llamado «depósito de niños de Denfert-Rochereau». Más tarde, en agosto de 1945, la llevaron a una granja de Morvan con otros niños de la Asistencia. «Llegó una campesina...», el director de la agencia dijo: «Mire, escoja, hay cuatro niños y una niña».[19] Al inicio del siguiente curso escolar, vestida con el delantal de cuadros azules y blancos de los niños de la Asistencia, una chiquilla se acercó y dijo: «No juegues con ella, es de la Asistencia».

Lo que otorga el poder traumatizante a un rechazo banal es su significado, no el acto. Rechazar a un niño porque su bata es azul y blanca puede molestar o divertir. Pero cuando los colores de la bata significan: «Tú vales menos que nosotros porque no tienes familia», el rechazo se carga de sentido.

El vestido es portador de un significado que procede de nuestra historia. Cuando Amélie, educada en una familia muy creyente, fue víctima de incesto, era demasiado pequeña para comprender lo que le hacían. No obstante, tenía una vaga conciencia de alguna cosa que la abrumaba. Cuando, a los catorce años, oyó pronunciar la palabra «incesto», no lo relacionó con lo que le pasaba. Fue a los dieciocho años cuando, plenamente consciente ya, se desmoronó. Convertida en mujer, explica: «Cuando me visto de sport, estoy tranquila. Cuando me visto de mujer, me siento en peligro».[20] El peligro no procede del vestido, sino de los recuerdos que evoca: vestirse de mujer es provocar un deseo que conduce al abuso.

Para un niño de la Asistencia, la bata de infamia significa: «Valgo menos que los otros». Los zapatos de tacón alto son angustiosos porque anuncian la posibilidad del abuso sexual. Nuestra memoria atribuye a los objetos y a los hechos presentes una connotación de angustia o de placer que procede de nuestro pasado.

Comprendo muy bien la reacción de Jean, un joven superviviente de Auschwitz. Cuando volvió a su casa, hecho un esqueleto y arrastrando consigo diez siglos de memoria, contó: «Mi madre me preparó una cama normal con colchón, mantas y almohadas. No pude soportar físicamente la suavidad de aquel lecho y me tendí en el suelo».[21]

El peso de la memoria colorea el presente. Cuando se sale de una agonía de varios años, no se puede empezar a dar brincos de inmediato. Se necesita tiempo para volver a aceptar la llegada de la felicidad.

Costuras frágiles, desgarros repetidos

Desde que tenía dos años, no había conocido más que rupturas, desgarros y amenazas. Largos períodos de amnesia correspondían a momentos de vida aletargada a mi alrededor. La probable depresión de mi madre, los aislamientos sensoriales, la ausencia de estímulos ¡no construían ningún recuerdo!

Después de la guerra, los sucesivos internamientos y los cambios de institución impedían tejer un apego. Cualquier inicio de vínculo era destruido inmediatamente para ir a una institución anónima. Una serie de estancias en lugares que no conocía, junto a personas que he olvidado por completo, impedía cualquier representación coherente.

No sé por qué fui a parar a Oloron-Sainte-Marie. Recuerdo una cuesta bastante empinada que ignoro adónde conducía: ¿un internado? ¿Un orfanato? ¿Una casa de colonias? Unos pocos recuerdos felices entre la incoherencia, una hermosa terraza con vistas al valle, algunos alegres momentos de transgresión, cuando fumábamos unos pitillos de brezo que nos ponían enfermos y, sobre todo, una velada en que aprendimos «Tout va très bien madame la marquise». Esta canción acompañada de gestos me permitió recuperar mi talento de payaso. Hacer el payaso es una cosa muy seria, sientes que revives, te aplauden, te quieren, la vida regresa suavemente.

No sé cómo fui a parar a Tarnos, a Hossegor, a Saint-Jean-Royan y a otras instituciones donde no sé cuánto tiempo permanecía ni con quién.

Un recuerdo absurdo en Hossegor: un «responsable» llamó a un «educador»[22] para decirle que había recibido un vale que me permitía ir a buscar ropa a París. Cogimos el tren, un largo viaje en silencio, ya que el educador se aburría conmigo y a mí me pasaba lo mismo con él. Nos dirigimos hacia la Bastilla, justo a mitad de la calle subimos una escalera, el educador entregó mi vale y recibí a cambio un jersey sin mangas de rayas marrones y verdes, feísimo. Volvimos a coger el tren e iniciamos un largo viaje de regreso silencioso.

Hubo muchos momentos felices con los niños. Construir una cabaña, lanzar cuchillos, hacer que te asignen la tarea de limpiar las mesas después de comer y recoger así un puñado suplementario de migajas.

Nuestras relaciones con los adultos se limitaban a la autoridad y la humillación. Un educador dormía con nosotros en el inmenso dormitorio, pero su «habitación» estaba cerrada por una simple pared de sábanas colgadas. Una noche me llamó uno de ellos y me pidió que metiera la cabeza en el barreño donde se estaba lavando los pies. ¿Lo hice? Por suerte, entró otro educador en la «habitación» y le dijo unas palabras que le hicieron cambiar de opinión.

Había otro monitor al que temíamos por su autoridad. Marchábamos marcando el paso en el amplio espacio que separaba los edificios. Para no tomarse la molestia de dirigirnos la palabra, Moric, así se llamaba, se limitaba a chasquear la lengua para indicarnos que debíamos empezar todos a la vez con el pie izquierdo. Nunca odié a los alemanes, temía a los milicianos, pero aquel día decidí que tenía que llegar a ser fuerte para matar a Moric. El otro día, por cierto, paseando por un pueblo de la Provenza, vi una placa que anunciaba un kinesiterapeuta con ese mismo nombre. Estuve a punto de llamar.

Que los alemanes desearan mi muerte me parecía menos grave que el desprecio de Moric. Además, desde que había terminado la guerra, habían cambiado de forma increíble. En las granjas donde permanecían como prisioneros de guerra, ya no llevaban uniforme. Trabajaban muchas veces con el torso desnudo y se dirigían a nosotros con amabilidad. Una vez derrotados, los soldados alemanes se rehumanizaron. El uniforme los había robotizado. Me tranquilizaba ver la amabilidad de esos prisioneros de guerra. Creo que comprendí que esos hombres habían sido poseídos por una influencia maléfica. Hoy diría «alienados por su sumisión a una ideología, pervertidos por sus creencias».

Mi memoria no se confunde cuando representa los años de la guerra; en cambio, se torna imprecisa en cuanto se restablece la paz. Paradójicamente, la huida de mis perseguidores me proporcionaba una línea de conducta, un objetivo que había que alcanzar. Y, sobre todo, esa estrategia de supervivencia organizaba mi mundo en categorías que simplemente distinguían entre buenos y malos. Estaba orgulloso de haberme evadido y de haber conseguido escapar de todo un ejército que quería mi pellejo. Ese mundo me resultaba claro. Me sentía confiado junto a los buenos con quienes hablaba con naturalidad. Eran alegres, cálidos, indulgentes, y perdonaban mis tonterías de niño. Pasaba de un bueno a otro, en función del avance de las tropas alemanas, pero a su lado siempre encontraba esa sensación de afectuosa seguridad. Aquellos adultos constituían para mí una figura de apego tranquilizadora. Incluso cuando tenía que partir repentinamente de noche, en una camioneta, escondido detrás de los sacos de patatas para superar un control, siempre había un adulto amable que me hablaba sonriendo.

No era una situación muy angustiosa, más bien era hasta divertida y, cuando llegábamos al nuevo escondite, compartíamos, los adultos y yo, la euforia de la victoria. ¡Habíamos burlado a los malos! Yo me apegaba a mis cómplices desconocidos. Durante la guerra, ¡breves momentos de angustia y mucha felicidad!

Experimenté una sensación de liberación cuando vi a la gente saltar de alegría después de Hiroshima, cuando la guapa enfermera me llevó a ver las bailarinas desnudas al Grand Théâtre de Burdeos y cuando acompañé a Pierre Saint-Picq, un amigo de Margot, teniente de las FFI en el ataque a Bègles. Cuando el coche de los resistentes entró en el pueblo, todavía se oían algunos tiros, pero bastó que Saint-Picq saliera del coche con el brazalete de las FFI y empuñando el arma para que se impusiera el silencio. El enemigo invisible había huido, los resistentes rodearon a mi buen amigo. Era maravilloso. Todos esos buenos traían la paz y la libertad. La guerra había terminado, regresaron a sus casas, éramos los vencedores.

Mi memoria era nítida antes de la guerra, cuando apenas tenía tres años. Luego había un período en blanco que correspondía a la época de la guerra, cuando no tenía nada que guardar en ella. Se tornó caótica e incoherente después de la guerra, durante los dos años en que los jueces me confiaron alternativamente a Dora en París y a Margot en Burdeos. Como consecuencia de ello fui internado una decena de veces en instituciones anónimas donde no había ni buenos ni malos. Nada.

No sufrí por la pérdida de mis padres porque en el momento de su desaparición era demasiado pequeño para entender la noción de irreversibilidad de la muerte. Además, no estaban muertos, habían desaparecido, y tuve que esperar a oír, desde debajo de la mesa, la revelación en boca de madame Farges para comprender que no regresarían jamás. El hecho de no haber sufrido por su muerte no significa que la separación no dejara huella en mi memoria. En aquel estadio de mi desarrollo, ya había adquirido algunos factores de protección: antes del desastre de la guerra, la presencia de mi madre me había proporcionado confianza en mí mismo. Asimismo, me decían que hablaba por los codos. Por tanto, sabía analizar y compartir las palabras que permiten el encuentro de los mundos íntimos. Otro factor de protección me lo proporcionaron, durante la guerra, todos esos Justos desconocidos cuyo conjunto constituyó para mí un sustituto afectivo tranquilizador. Me sentía bien a su lado. Y encima, ¡habíamos ganado la guerra!

Si la pérdida de mis padres se hubiera producido antes de los dos años, habría supuesto para mí un factor grave de vulnerabilidad. No habría tenido la palabra a mi disposición, ese instrumento de regulación afectiva. Habría estado dominado por mis emociones, no habría sabido manejar mis relaciones, no habría soportado las duras pruebas por las que pasé después.

Los períodos de aislamiento no permiten el recuerdo. Cuando el mundo está vacío, ¿qué se puede guardar en la memoria? No obstante, la impronta de la pérdida deja una huella en la representación de uno mismo. Y cuando, más tarde, sobreviene otra separación, despierta esa memoria sin recuerdos.

A lo largo de la vida, las separaciones son inevitables, e incluso resultan beneficiosas cuando preparan para la autonomía. Pero cuando una pérdida precoz, antes de empezar a hablar, imprime en la memoria una aptitud para experimentar un sentimiento de pérdida, la menor separación posterior puede desencadenar una depresión. Un simple alejamiento de la persona que da seguridad se torna doloroso «cuando se produce en un niño fragilizado por una antigua separación durante la infancia».[23] Incluso una pérdida simbólica basta para despertar esa huella adquirida precozmente: un fracaso en un examen, una cita fallida, una ruptura amorosa. Quienes han adquirido seguridad precozmente viven esas pérdidas como un sufrimiento, pero enseguida tratan de compensarlas con otro proyecto. Por el contrario, quienes han sido aislados antes de empezar a hablar, como han adquirido una vulnerabilidad emocional, viven esos contratiempos inevitables como una pérdida irremediable.

Esa vulnerabilidad, precozmente adquirida, explica las curiosas estrategias de apego de los niños abandonados. En un primer momento, protestan y lloran porque les indigna que se les prive del apego que les corresponde. Luego, cuando les invade el desaliento, sienten la privación como una nada a la que no vale la pena apelar. Mientras tienen fuerzas para esperar, basta que se proponga un sustituto afectivo para que se apeguen de inmediato a él. Ese hiperapego ansioso no es diferenciado. Esos niños buscan apegarse a cualquier persona que esté a su alcance. Se apegan a cualquier adulto, como el que se ahoga se agarra a cualquier cosa que flote. Tal actitud salva al niño, por supuesto, pero el precio que se paga por ese desarrollo es elevado. Un niño que ya ha adquirido seguridad se orienta hacia las figuras de apego que le convienen. Se acerca, sonríe y habla con ese adulto. Por el contrario, un niño que ha adquirido una vulnerabilidad afectiva se orienta hacia cualquier adulto, aunque no le sonría, a pesar de que lo rechace. Se queda a su lado porque lo necesita, aunque el adulto lo desprecie. Ese niño se siente mejor, pero como ha perdido su autonomía, acepta vivir con alguien que no siente el menor interés por él. Cuando llegue a la edad adulta, verbalizará ese sentimiento impregnado en su infancia y dirá: «Mira de dónde vengo, ¿cómo me va a querer alguien? Mira quién soy, gracias por tenerme a tu lado. Gracias por haberte casado conmigo». Por eso encontramos niños o jóvenes que se apegan desesperadamente a padres o a cónyuges que les hacen desgraciados. Ese estilo relacional determina un desarrollo difícil que puede orientarles hacia la depresión. Durante la adolescencia, período en el que se adquiere la autonomía, no tienen suficiente confianza en sí mismos y prefieren permanecer junto a quienes les desprecian o les maltratan, hasta el día en que esas coacciones repetidas y esas frustraciones diarias acaban provocando una depresión.

Entre los niños de apego indiferenciado, las depresiones en la adolescencia son cuatro veces más numerosas que en la población en general.[24] Y cuando la precariedad social exacerba tal vulnerabilidad acumulando las frustraciones y los traumas, encontramos un 68 por ciento de depresiones en esos adultos que han estado mal socializados tras haber sido niños afectivamente vulnerabilizados.[25]

No se puede decir que «un fracaso escolar o una ruptura amorosa provoque una depresión». Pero se puede afirmar que, cuando un sujeto ha adquirido una vulnerabilidad afectiva a causa de pérdidas precoces, una pérdida ulterior, real o simbólica, tendrá muchas probabilidades de desencadenar una depresión.

Cuando se produce una pérdida precoz en un período sensible del desarrollo y el medio no propone ningún sustituto afectivo, el niño se encuentra en una situación de aislamiento sensorial en el que nada es estimulado, ni su cerebro, ni su memoria, ni su historia. Y si el aislamiento dura demasiado tiempo, el cerebro se seca, la memoria se apaga, la personalidad ya no puede desarrollarse. En ese caso, la resiliencia resulta difícil.

Eso no quiere decir que una pérdida precoz provoque inevitablemente daños. A menudo ocurre que un niño herido encuentra un sustituto familiar al que le complace ocuparse de él. En ese caso, la vulnerabilidad afectiva del niño, su dificultad para soportar una separación y su hiperapego provocan una estabilidad efectiva que facilita los otros desarrollos: buen alumno, atento, de una seriedad algo excesiva, todo el mundo celebra sus bondades sin saber que es su vulnerabilidad a la separación la que provoca sus progresos y su relación agradable.

Es posible que yo manifestara ese tipo de apego, ya que durante la guerra me acercaba a cualquier adulto que me ofrecía seguridad y le explicaba un montón de historias. La sucesión de Justos que estuvo a mi lado en ese contexto peligroso constituyó para mí una base de seguridad. Sin embargo, no tejí con esas personas vínculos profundos, porque iba a separarme de ellas enseguida y olvidé su nombre y su rostro. Dejaron una huella en mí. Sabía que eran personas admirables y me sentía bien a su lado. Pero como no eran mis padres, no sentía deseo de identificarme con ellos. Cuando las circunstancias me proponían otra base de seguridad, en otro lugar, me apegaba a ella indistintamente.

Esa adaptación me salvó durante la guerra y probablemente me devolvió el interés por la vida. Cuando se restableció la paz y me encontré con algunos supervivientes de mi familia, me sentí abandonado porque esperaba de ellos un verdadero nicho afectivo, que los jueces destruían cada vez que me buscaban un nuevo acomodo.

Los sentimientos que uno experimenta están provocados por representaciones, en el sentido teatral del término. Durante la guerra, los malos me perseguían, pero los buenos que estaban a mi lado me ayudaron a engañar a los alemanes. Esas representaciones están compuestas de fragmentos de verdad organizados para escenificar el espectáculo de lo que me sucedió. No mentía, me limitaba a describir la quimera de mí mismo.

Recientemente, me he preguntado si ese teatro de mí, esa representación íntima que no tuve la posibilidad de compartir, correspondía a la verdad de los hechos. ¿Debía regresar a los lugares para comprobarlo? ¿Debía encontrar testimonios que hubieran compartido lo mismo?

Jamás tuve el valor de intentar tal comprobación, como si temiera que el pasado regresara. Esa reacción prueba que el sufrimiento postraumático no estaba lejos. No era un rechazo que provocara una amnesia, precisamente en el punto más sensible de mi memoria. Pensaba a menudo en la guerra, pero silenciaba la emoción asociada a su representación. Todo lo que percibía en mi contexto adquiría sentido al referirse a lo que me había sucedido. Me sentía próximo a los vietnamitas y a los argelinos que luchaban... contra el ejército francés, el de mi país. Me identificaba con los esclavos negros, me hubiera gustado participar en su liberación. Comprendía que uno luchara contra un ejército para salvar su libertad, y habría deseado que el ejército de mi país no se pareciera al ejército de ocupación alemán que había conocido.

Me acordaba de todo con precisión, pero quería convencerme de que no estaba traumatizado puesto que estaba vivo. Cuando los adultos me preguntaban si tenía pesadillas, me sentía fuerte al responder que no, no tenía ese problema. Simplemente lo evitaba. Huía hacia delante, me refugiaba en la acción, en la fantasía, en un contacto bueno en exceso, en un torrente de palabras que me servían para enmascarar lo que no había que decir. No habría soportado el regreso de la emoción, me habría sentido abrumado por la incredulidad o la incomprensión de los demás. «La negación es un proceso que no me parece ni raro ni muy peligroso en la vida psíquica de un niño.»[26] La negación protege del sufrimiento traumático, pero altera el recuerdo al silenciar la emoción asociada a la representación de lo que ha sucedido. Todavía hoy siento deseos de decir que no sufrí a causa de la guerra, si bien me veo obligado a preguntarme si realmente es normal dar vueltas alrededor de una mesa durante horas, en una habitación vacía, o permanecer anestesiado en situaciones en las que sería lógico enloquecer.

Con la edad y el paso del tiempo, recuperé algo de fuerza, tuve ganas de comprobar. No podía regresar a los lugares solo para volver a verlos, eso habría despertado las huellas del pasado. Necesitaba un reto, un proyecto para transformar la emoción provocada por la percepción de esos lugares. De modo que decidí iniciar una investigación para comprobar si la representación de mi pasado se correspondía con los hechos.

La intención modifica la manera en que vivimos los acontecimientos. Recuerdo aquel experimento en el que se observaba la expresión del rostro de una persona ante la que desfilaban unos individuos que debían simular tristeza, alegría o una agitación extrema. Cuando el individuo de expresión triste pasaba por delante de esa persona, su rostro inmóvil parecía fascinado. Cuando cruzaba la estancia el alegre, la persona sonreía levantando las cejas. Y cuando aparecía el excitado saltando y lanzando gruñidos, fruncía el ceño y apretaba los labios dando muestras de irritación. Entonces dijimos:[27] «Esta persona excitada ha tomado anfetaminas». Inmediatamente, su expresión cambió y reflejó una modificación de las emociones. Frunció el ceño y apretó los labios asintiendo condescendiente con la cabeza. Esta era la prueba de que una simple exhortación verbal, al modificar las representaciones modificaba también la manera de vivir los hechos.

Esa exhortación verbal me llegó de un amigo,[28] un domingo en Burdeos. La reunión terminaba sobre las doce y mi avión salía a las siete; le había explicado sin dar muchos detalles que durante la guerra había estado en una granja en Pondaurat. Mi amigo me dijo: «He tocado en los bailes de ese pueblo, está cerca, ¿quieres que vayamos?».

Evidentemente, no reconocí nada. Y, sin embargo, lo veía todo con claridad en mi memoria. Recordaba haber compartido la mesa con los braceros en la habitación separada del establo donde, por la noche, guardábamos las ovejas. Recordaba con precisión el pozo del que sacaba el agua, el brocal y su gran polea. Recordaba el granero de madera negra, con los rayos de luz filtrándose entre las tablas. No vi nada de esto al llegar al pueblo, donde solo había hermosas casitas llenas de flores. Mi amigo dio muestras de una osadía que yo no hubiera tenido nunca para con él. Se dedicó a preguntar a todos los que pasaban, hasta que dio con un anciano que nos indicó la granja de la aparcera. Su nombre, Marguerite, y el de su hija, Odette la Jorobada, orientaron la indicación del campesino.

Cuando le dije a la joven que estaba junto a él que mi trabajo consistía en sacar agua por las mañanas y guardar las ovejas por las noches, me respondió: «Se equivoca, nunca ha habido ovejas aquí». Entonces el anciano precisó: «Sí, sí, criamos ovejas hasta 1956, luego nos dedicamos a las vacas». ¡Tenía la prueba! Encontramos la granja, hablamos con la nueva propietaria, que la había arreglado mucho, como hacen los habitantes de la ciudad cuando rehabilitan una casa de campo. El pozo, tan nítido en mi recuerdo, estaba detrás de la casa, y en cambio yo lo recordaba claramente delante de la escalinata. El granero de madera negra era inmenso en mi recuerdo y no se correspondía con el que tenía ante mis ojos. Cuando la propietaria comentó: «Mi marido lo encontraba demasiado grande, tapaba la casa, e hizo rebajar la altura», volví a ver el puente y el saliente de piedra desde el que caí al agua, y me invadió un sentimiento de familiaridad al ver la plaza del pueblo donde los niños me miraban mal y murmuraban: «Los judíos nunca dan las gracias».

Eso es todo: unos pocos indicios alimentaban mi representación de imágenes claras pero poco congruentes con las cosas. Las únicas referencias fiables fueron los nombres de Marguerite la aparcera y Odette la Jorobada, cuyo simple enunciado permitió encontrar la granja.

Las imágenes del pasado grabadas en mi memoria ya no se correspondían con las cosas del presente... El pozo, el granero y la casa construían en mi memoria otra representación, otra evidencia.

Entonces me pregunté si las palabras de nuestro entorno, las que oímos en la vida diaria cuando forman parte de la conversación de nuestra familia, de nuestros amigos y de nuestra cultura, no tendrían un efecto inductor de la memoria. Cuando pienso en los constantes desplazamientos después de mi evasión, veo de nuevo la camioneta pseudoambulancia, la marmita en la cocina de la cantina, la cabeza de la monja asomándose a la puerta entornada y negándose a abrirla, las alegres comidas en casa de Margot, la severa amabilidad del director de la escuela de Castillon, la uva moscatel robada y un montón de imágenes entrelazadas felices y desgraciadas, me pregunto: si hubiera escuchado otras palabras, ¿tendría las mismas imágenes en mi memoria? Si hubiera conocido la palabra «perseguido», ¿habría tenido los mismos sentimientos al repasar la película de esos hechos? Como no la conocía, lo que connotaban la camioneta, la marmita, la buena monja y la uva robada era asombro. Si la palabra «perseguido» hubiera evocado en mí la representación de una presa rodeada para darle muerte, esa avalancha de acontecimientos no habría connotado sorpresa, sino que habría sugerido un sentimiento de pánico.

¿Acaso la representación del trauma está influida por la manera en que se habla de él? ¿Basta el simple hecho de pronunciar una palabra para evocar imágenes y acontecimientos?

Dos psicólogos norteamericanos proyectaron una película en la que se veía el impacto entre dos vehículos.[29] Para plantear la pregunta, eligieron las palabras: «¿A qué velocidad cree usted que iban los coches cuando chocaron?». Las personas que vieron la película calcularon que los coches circulaban a ciento cuarenta kilómetros por hora.

Luego proyectaron la misma película a otros espectadores y les formularon la pregunta con alguna diferencia: «¿A qué velocidad cree usted que iban los coches cuando toparon?». En este caso se estimó que los coches circulaban a noventa kilómetros por hora, porque la palabra «topar» connotaba menos violencia que la palabra «chocar».

El modo en que oía explicar en mi entorno lo que me había ocurrido provocaba sentimientos diferentes. En Castillon oí cómo los adultos decían refiriéndose a mí: «Este niño ha visto tantos horrores…». Así que lo que había visto eran horrores. La realidad representada por esas palabras era, por tanto, terrorífica y debería haberme dado motivos suficientes para sufrir.

Pero resulta que oí otras palabras y almacené en la memoria otras imágenes. Los inspectores que me detuvieron de noche, con sus revólveres y sus gafas oscuras, me parecían ridículos. La enfermera que me ayudó a huir me parecía joven y risueña. Los Justos que se fueron turnando para esconderme durante meses no hablaban de horror ni de heroísmo, hacían tranquilamente su trabajo diario. ¿Por qué en semejante contexto los acontecimientos estarían connotados de horror?

El abatimiento llegó con la paz, cuando los adultos encargados de ocuparse de los niños sin familia no se tomaban la molestia de hablarles. O cuando, apiadados, decían: «Pobre, no tiene familia». O cuando sorprendía la frase: «Explica unos cuentos». O cuando una asistenta social encargada de estudiar mi expediente se echó a reír al decirle que quería ser médico. O cuando un funcionario al que le conté que mi padre se había alistado en la Legión Extranjera afirmó: «Con ese nombre, no se puede morir por Francia».

Todas esas palabras pronunciadas a mi alrededor, esas frases insignificantes, esos estereotipos constituían un entorno verbal a partir del cual yo connotaba afectivamente lo que me había sucedido: vergüenza u orgullo, desesperación o alegría, esos sentimientos opuestos se unían a un mismo recuerdo según cómo hablaban de él quienes me rodeaban.

En casa de Dora no se hablaba de eso. Solo importaban las palabras de la felicidad: «baile», «medias de nailon», «Lucky Strike» y «amigos». Ni guerra, ni horrores, solo evocaciones de placeres inmediatos. En los años de posguerra nuestra cultura no tenía suficiente perspectiva para comprender que la negación protectora instalaba en nuestras almas una bomba de espoleta retardada.

Tardé más de cincuenta años en atreverme a volver a la sinagoga. Había paseado a menudo por el barrio de la rue Labirat, pero sin saber muy bien por qué, nunca emboqué esa calle que conducía a ella. Fue una amiga la que me llevó hasta allí: «Está aquí mismo —me dijo—, vamos en un momento, conozco al rabino». Hacía buen tiempo, soplaba una ligera brisa, su compañía era agradable, de modo que podía ir sin sentir una opresión en el pecho.

La sinagoga era hermosa, me gustó. El rabino nos recibió junto con su hermano. El ambiente cordial y los rostros sonrientes nos permitieron abordar el problema sin rodeos: «¿Es la primera vez que vuelve usted aquí?».

Primera sorpresa: la sinagoga era blanca y en mi recuerdo veía mucho rojo. El tabernáculo era rojo y, en mi memoria, un hombre abría la puerta y sacaba los rollos de la Ley. ¿Un curioso? ¿Una profanación? ¿Un falso recuerdo? Recordaba el rojo del altar y el rojo de los asientos, a lo largo de la pared, entrando a la izquierda. Actualmente, las paredes son blancas y los asientos de madera. Le conté al rabino que a la entrada había dos mesitas para la selección. Una condenaba a muerte, la otra permitía vivir, pero nosotros no sabíamos cuál había que elegir. Le dije que por la noche nos despertaban con un café obligatorio que había que ir a buscar entre dos alambradas.

El hermano del rabino me mostró en una columna, al pie del capitel de un pilar del vestíbulo, un gran desconchado en la piedra, un agujero provocado por un disparo de fusil. «¿Lo recuerda, no es cierto?» No me acordaba. De repente, surgió la memoria de una redacción que hice en el liceo, unos años después de acabar la guerra. Narraba que un niño, prisionero durante la guerra, presenciaba un fusilamiento en el interior de un templo. Si escribí mi autobiografía a los trece años, sin duda describía este hecho impresionante. Sesenta años más tarde, ese recuerdo borrado de mi memoria ya no contaba las mismas escenas.

Cuando me regalaron el librito *La Synagogue de Bordeaux*,[30] pude ver en él un cuadro de Jean-Lubin Vauzelle, fechado en 1812, en el que el artista había pintado el rojo de las colgaduras por encima del tabernáculo y los asientos contra la pared, entrando a la izquierda. También vi otra pintura de Auguste Bordes (sin duda alguna), de 1845, que confirmaba la existencia de colgaduras y la disposición longitudinal del altar. En el suelo reconocí los mosaicos y en el techo, las columnillas de estilo morisco.

Algunos puntos de mi memoria eran, por tanto, más fiables que los testimonios actuales, ya que los pintores del siglo XIX me daban la razón. Pero el fusilamiento, que en el presente ya no formaba parte de mis recuerdos, estructuró mis relatos cuando era niño. ¿Acaso borré esa escena presionado por la incredulidad de mi entorno?

Luego nos dirigimos hacia el lugar de mi supervivencia: ¡los lavabos! Reconocí el patinillo que conducía hacia ellos, vi el ventanuco demasiado alto para huir y, decepción... la Z dibujada por las tablas en el interior de las puertas ya no existía. Durante años había recordado esa Z en mi teatro íntimo y al ver que no estaba casi sentí angustia. Le pregunté al rabino y a los amigos que me acompañaban: «¿Han cambiado las puertas?». El hermano dijo: «Creo que las han cambiado». No estaba del todo seguro. Y pensé que era posible que no me creyeran, ya que era la reacción habitual. Me hubiera gustado tanto que la Z de las puertas confirmara mi técnica de evasión... Me sonrieron, pero yo estaba convencido de que también se sentían decepcionados.

Lo que me preocupaba era la escalinata de la sinagoga. Volví a ver en mi recuerdo la puerta grande abierta y el sol que iluminaba el interior. Los coches se habían marchado ya llevándose a los prisioneros a la estación Saint-Jean. Estaba solo en lo alto de las escaleras y abajo vi a la enfermera haciéndome una señal para que corriera hacia el vehículo que estaba junto a ella. En mi recuerdo había una cosa indiscutible: bajaba corriendo las escaleras hacia la ambulancia. Sin embargo, ¡en la escalinata no había más que tres escalones cubiertos de musgo! Y, además, ¡cómo podía lanzarme a la camioneta si el patio de la sinagoga estaba completamente cercado por una gruesa verja labrada!

Sin embargo, me veo corriendo escaleras abajo hacia la camioneta, me veo lanzándome bajo el colchón que alguien levantaba, recuerdo que me dijeron: «No te muevas, no respires tan fuerte». Sé que me lo dijeron, pero no lo oigo. ¿Tal vez estaba sin aliento a causa de la carrera?

En mi memoria, bajaba corriendo por una escalera tan grande como la de *El acorazado Potemkin*. En la realidad, ¡solo vi tres escalones cubiertos de musgo! En mi memoria, trepaba por la Z de las tablas de la puerta de los lavabos. En la realidad, ¡no había Z! En mi memoria, corría hacia la ambulancia estacionada al pie de la escalera, junto a la acera. En la realidad, ¡una gruesa verja cerraba el espacio delante de la sinagoga! ¿Acaso son falsos todos mis recuerdos?

Sin embargo, los archivos confirman mi detención. He visto mi nombre en una orden de redada con una fecha curiosa: «Lista de niños judíos detenidos de noche entre el 1 y el 16 de julio de 1942».[31] En esa lista figuran unos cuarenta niños, el más pequeño es Jacqueline, una niña de un año. Mi madre, detenida el 18 de julio de 1942, probablemente me había llevado a la Asistencia pública la víspera. No me detuvieron en esa fecha.

Cuando la realidad falla, mis recuerdos se mantienen vívidos. En efecto, se hicieron obras en la sinagoga, se pintaron las paredes, se arreglaron los baños. Efectivamente, una camioneta podía estacionarse junto a la acera, porque en una fotografía de antes de la guerra se ve que solo había verja en el centro de la explanada y los laterales quedaban libres.[32] ¡Uf! Temí que no me creyeran.

Pero la escalera de *El acorazado Potemkin* no pudo existir. Y, sin embargo, les aseguro que la bajé corriendo, se lo aseguro. He olvidado la emoción que sentí en el momento de correr hacia la enfermera. Tal vez correspondía a la emoción que transmite la imagen de esa escalera inmensa que tiempo después vi en la película de Eisenstein: un bebé abandonado en un cochecito que se precipita escaleras abajo morirá aplastado al pie de los escalones. Condensé en uno solo ambos recuerdos. Olvidé el origen de ese recuerdo, pero no olvidé la forma gráfica que la escalera de *El acorazado Potemkin* le daba a mi emoción.

Así que para mí era cierto, aunque las fuentes de mi memoria fueran diferentes. En la realidad, bajé tres escalones, pero en la representación de esa realidad, era la escalera de *El acorazado Potemkin.*

La palabra «representación» es sin duda la que más se adecua. Los recuerdos no evocan la realidad, disponen fragmentos de verdad para convertirlos en una representación en nuestro teatro íntimo. La película que proyectamos en nuestro mundo psíquico es la culminación de nuestra historia y de nuestras relaciones. Cuando somos felices, acudimos a nuestra memoria en busca de unos pocos fragmentos de verdad que reunimos para dar coherencia al bienestar que sentimos. En caso de desgracia, buscaremos otros fragmentos de verdad que también den otra coherencia a nuestro sufrimiento.

En todos los casos, será tan cierto como lo son las quimeras, esos monstruos imaginarios cuyos elementos son todos verdaderos.

En la memoria de uno mismo, la verdad de las cosas es parcial: no recordamos casi nada de los miles de millones de informaciones que todos los días llegan a nosotros. Luego hacemos una representación con esas insignificancias que dan una forma gráfica a lo que sentimos. A ese teatro íntimo respondemos aplaudiendo, llorando o indignándonos, y en cambio ignoramos las huellas no conscientes y los recuerdos reprimidos de nuestros rechazos.

La guerra ha terminado

Tengo una clara conciencia de la liberación de Castillon, pero, preocupado por la confrontación entre los recuerdos de mi evasión y la realidad, decidí volver a ese pequeño pueblo.

En la ceremonia de entrega de la medalla de los Justos a Margot, me fijé en un hombre mayor, erguido y todavía apuesto, cuya seriedad me intrigaba. Nos presentaron: «Monsieur Lafaye, el director de la escuela que te acogió al acabar la guerra». Cruzamos unas palabras, ¿qué otra cosa podíamos decir? Intercambiamos las direcciones y prometimos volver a vernos. Regresó a su casa y murió. Me dijeron que le había encantado nuestro reencuentro.

Junto a él, en la ceremonia, una señora sonreía entre lágrimas. Era su hija, Claudine Sabaté. Me acuerdo perfectamente de una niña que a veces nos acompañaba, a mi compañero y a mí, a rapiñar moscatel. Ella no se acordaba de mí, ni del moscatel, pero había oído hablar de ese niño que su padre escondió en la escuela de Castillon, justo en el centro del ejército alemán.

No reconocí nada de Castillon. Hacía frío, estábamos charlando en una calle muy cuidada cuando madame Villechenoux dijo: «¡Aquí está la escuela!». Un hermoso edificio de paredes blancas, con vistas a las colinas. Nada de lo que veía se correspondía con mis recuerdos. Al fondo, abajo, lógicamente se encontraba el patio. Allí charlaba con Françoise, la niña morena de ojos azules y dientes separados. ¡Maravillosa!

Donde en esos momentos veía un jardín, en el pasado había mesas de madera que los soldados habían sacado para instalarse al aire libre. Se dirigían a mí en alemán, me ofrecían una fruta, jugaban a lanzarme por los aires, algo que me inquietaba un poco, pero bueno, cómo se reían.

Con mi compañero de rapiñas, nos paseábamos entre ellos, contemplando maravillados sus fusiles. El nuevo propietario había conservado la torreta acristalada que coronaba el edificio, de la que el soldado que montaba guardia nos había echado a patadas.

Recuerdo que, en la carretera, unas gavillas de paja formaban un paso en zigzag. Había una ametralladora a cuyo cargo estaban dos soldados. Cuando mi amigo y yo superamos la barrera, un soldado nos llamó sonriente. Nos dio a entender mediante signos que quería enseñarnos una cosa. Cogió su fusil y disparó contra un muro, haciendo que explotara una gran piedra. Todos rieron. ¡Qué hermosa es la guerra!

En mis recuerdos aparecían después imágenes de soldados desaliñados, caminando sin orden por la carretera. No llevaban armas ni casco. Estaban sucios, mal afeitados, con el cuello de la camisa abierto, descuidado. Yo oía decir que habían cometido un error militar al agruparse en la plaza del pueblo. Desde las colinas de alrededor, los maquis les habían bombardeado sin dificultad.

Cuando le conté este recuerdo a Françoise Villechenoux, prometió enviarme los testimonios de los ancianos de Castillon que vivieron en aquella época; entonces leí: «Los maquis tomaron posiciones alrededor de Castillon, llegaron por los flancos desde lo alto de la pendiente de Castillon. [...] No hubo combates, aunque se intercambiaron algunos disparos».[33] Fue Jean Collin, el jefe de un grupo de maquis FTP comunistas, unidos a los FFI gaullistas, y Pierre Drus, el alcalde de aquella época, los que negociaron hábilmente la rendición de los alemanes. «El comandante [...] no era un gran entusiasta, no era un hitleriano [...] estaba hasta los c [...] de la guerra [...] y además en todas partes se estaban retirando».[34]

Mis recuerdos cobraron sentido con esos testimonios. Durante mucho tiempo me pregunté por qué los alemanes no me habían detenido por segunda vez. Recuerdo haberme despertado por la noche, estaba durmiendo en una especie de catre en el pasillo de la escuela cuando la luz me despertó. Detrás de las linternas había oficiales alemanes a los que monsieur Lafaye hablaba en voz baja. Se marcharon, volví a dormirme. Hoy lo entiendo, «el comandante [...] no era un gran entusiasta, no era un hitleriano [...] estaba hasta los c [...] de la guerra».

Al día siguiente de la Liberación, cuando vi un maqui, con su arma y brazalete, hablando con un lugareño, me acerqué y oí que decían: «Cometieron un error reagrupándose en el centro, en la plaza del pueblo, un ejército siempre debe controlar las alturas».

Los maquis habían reunido a los alemanes en esa plaza: «Voy al pueblo y, al bajar por la avenida de la estación, veo soldados desaliñados caminando en desorden. Los alemanes [...] prisioneros son conducidos al patio de la estación. La oposición de un jefe maqui impide que sean ejecutados».[35] Ese resistente impediría que se insultara a los prisioneros.

El maqui que hablaba con los lugareños quizá acababa de llegar tras la rendición: «Inmediatamente después de la Liberación, durante los días siguientes, llegaron a Castillon muchos maquis [...], por ejemplo, el maquis Janlou, dirigido por el jefe de grupo Baruthel, el de Loiseau, dirigido por Moresée...».[36]

Cuando el maqui dijo: «Tenemos un muerto y tres heridos» y yo solté: «¡Eso es todo! ¡No es mucho!», probablemente hablaba de un combate que no se había producido en Castillon, sino en alguna otra parte, ya que esos maquis llegaron al día siguiente de la Liberación. Creí que había una discrepancia entre mi recuerdo de un combate y los testimonios que afirmaban que no había habido participación militar. Se trataba, una vez más, de una mezcla de dos fuentes diferentes.

Había visto a los alemanes desfilando en Burdeos como maravillosos vencedores. Los caballos, los tambores, la música y el orden impecable transmitían una impresión de fuerza y de belleza. Luego los vi como ocupantes bonachones repartiendo caramelos, paseándose sin armas, sin gorra y sin cinturón, a fin de dar una impresión de buena gente, como exigía el acuerdo firmado con el gobierno de Vichy. Más tarde los conocí como ocupantes, levantando barreras, controlando las documentaciones, deteniendo a inocentes, aporreando hasta la muerte a mujeres inofensivas. Ahora descubría a los alemanes vencidos, agotados, desaliñados, sometiéndose a las órdenes de unos chiquillos.

Los mismos hombres habían cambiado de imagen continuamente. Escojan la que quieran: ¿un músico, un buen tipo, un verdugo o un vencido? Sea cual sea la imagen que elijan será verdadera.

El ser humano está estructurado por la estructura de sus medios. Nuestra principal libertad consiste en buscar el medio donde podremos desarrollarnos según nuestras esperanzas, o en modelar el medio que nos modelará. Cuando estamos atrapados en un contexto, este se imprime en nuestra alma y nos convierte en lo que somos... por el momento.

En cuanto fueron derrotados, los alemanes se convirtieron de nuevo en seres humanos. Los robots superhombres se transformaban en buenas personas: «La Wehrmacht huye en desbandada. Auschwitz está casi vacío. Los guardias de las SS se han marchado llevándose consigo a miles de deportados, cadáveres ambulantes que morirán en esa marcha alucinante. Algunos deportados permanecen en el campo vacío. Estamos en el bloque de los bomberos y encontramos un piano. Y yo descubro que Henri es un pianista de jazz, excelente. Se abre la puerta. Entra un alemán. Todos los ejércitos del mundo, cuando pierden una guerra, son iguales. Tipos con la ropa hecha jirones, tipos que tienen miedo, tipos que están sucios, tipos que apestan. [...] Nos pide un trozo de pan. Le he dado medio pan [...] Llevaba zapatos hechos una ruina. Nos pide, a nosotros, los deportados, él, alemán: "¿Puedo coger un par?". Le decimos: "Coge". El muchacho se va, estaba feliz. Me da un golpecito en el hombro y me dice: "No tengas miedo, *Mensch*,[37] mañana llegarán los rusos"».

Cuando los alemanes eran los vencedores, tenían una mentalidad de superhombres robots, sometidos a las órdenes de sus jefes y legitimando sus crímenes a base de recitar algunos eslóganes moralizadores. En cuanto fueron derrotados, volvieron a ser tímidos, educados y respetuosos de los rituales que nos permiten la convivencia.

Germaine Tillion confirma esa metamorfosis cuando cuenta que al llegar a Ravensbrück un domingo por la noche del mes de octubre de 1943, tuvo «la revelación brutal del campo, de la colonia penal [...] y de los experimentos de vivisección en muchachas».[38] Decidió defenderse y apoyar a los heridos, como siempre había hecho. Para comprender ese «ultramundo», observó, escribió y organizó una «resistencia a través de la risa». Al tomar apuntes como etnóloga, constató que, cuando las guardianas de las SS comenzaban a ejercer su cargo, conservaban su aspecto humano durante cuatro días. Al quinto se deshumanizaban y se volvían brutales, crueles y carentes de empatía.

Al llegar la Liberación, algunos franceses que habían pasado de oprimidos a vencedores también dieron rienda suelta a sus pulsiones sádicas. El fenómeno de las mujeres rapadas es el síntoma más visible. Los rapadores se sirvieron de un pretexto moralizador para disfrutar humillando a esas mujeres que, en su opinión, habían practicado la «colaboración horizontal». Unas eran pobres prostitutas que se vendían a cualquier hombre que quisiera pagarles. Otras, verdaderas colaboradoras, no fueron rapadas porque vivían en barrios lujosos donde se las protegía. La mayoría de esas francesas habían sido novias de alemanes. Hoy en día se considera una muestra de apertura, un factor de paz en Europa. En el pasado, en el contexto de la guerra, esos encuentros sexuales cobraban el significado de una traición.

La inmensa mayoría de los franceses reaccionaron con dignidad. Cuando oía hablar de ajustes de cuentas al llegar la Liberación, de falsos tribunales de depuración que fusilaban a sus vecinos y a veces se apoderaban de sus bienes, los adultos que me rodeaban fruncían el ceño y decían: «No es para estar orgullosos». Algunos incluso se pusieron furiosos e impidieron que se humillara a los prisioneros alemanes. Estos no formaron parte de la historia de la Liberación. No se explica un no-suceso.

La coherencia depende de lo que somos capaces de comprender. Hace unos días hablaba con una pequeña filósofa de siete años, cuya hermana mayor acababa de hacer un curso de educación sexual en el colegio y lo había explicado en casa. Como la pequeña sabía que yo era médico, me hizo partícipe de su enfado. El profesor, según ella, ¡decía tonterías! Cuando mostré mi sorpresa, la pequeña filósofa me explicó doctamente que el profesor había hablado de la sexualidad de las plantas, pero «¡no hay margaritas embarazadas!», exclamaba indignada.

A los siete años, la joven filósofa había entendido muy bien que, como no tenía pilila, cuando fuera mayor estaba destinada a ser madre, lo que le parecía un destino maravilloso. Aunque a esa edad todavía no tenía la representación del acto sexual del que había oído hablar vagamente y que le parecía «muy tonto». En ese estadio de su desarrollo, no había adquirido aún los conocimientos que le permitirían representarse la penetración sexual y menos aún la agitación de los espermatozoides en la trompa uterina antes de entrar en el óvulo. Para ella, la belleza de la sexualidad consistía en encontrar un príncipe azul y tener un hijo, y no en fusionar gametos. En esas condiciones, tendrán que admitir que el profesor decía tonterías. Decir que las plantas tienen una sexualidad le parecía incoherente a la pequeña filósofa. Esa niña solo podía alimentar su representación con los conocimientos de que disponía. ¿Es así tal vez como razonamos también nosotros?

3

Memoria herida

Desde que tenía ocho años, modelado por esos curiosos acontecimientos,[1] actor de las relaciones que establecía, me representaba constantemente lo que me había sucedido.

Pero el relato del drama pasado depende tanto de la persona que somos en el momento en que pensamos en él como de la persona con la que hablamos de él.[2]

La división del yo amenazado

La escisión es una solución que se impone al traumatizado cuando «esta división del yo o del objeto, bajo la influencia angustiosa de una amenaza [hace] que coexistan las dos partes separadas que se ignoran sin compromiso posible».[3] Una mitad habla en voz alta, mientras que la otra murmura lo contrario.

Al atribuirme a mí mismo el papel de héroe en un relato íntimo que no podía compartir, me convertía en sujeto de mi historia. Ya no era una cosa que querían aplastar. Me sentía mejor cuando me relataba lo que me había sucedido, pero no era consciente de hasta qué punto esta defensa turbaba mis relaciones. Cambiaba la forma en que el pasado actuaba en mí. Construía algo nuevo reformando mi historia, lo que me permitía escapar a la memoria traumática.[4]

La experiencia vivida no tiene nada que ver con el recuerdo de esa experiencia. Contar un goce pasado no hace que este regrese, pero proporciona el placer de explicarlo. Relatar la desgracia personal puede hacer que reviva el sentimiento de pesar cuando se reactiva la memoria dolorosa sin modificarla; eso se llama «lamentarse». Sin embargo, cuando se modifica la representación tratando de comprender y de hacerse comprender, el relato compartido modifica el sentimiento: atormentarse o modificar, estos son los dos caminos que se nos proponen después de un trauma.

Algunos investigadores han querido comprobar cómo se produce esa modificación del recuerdo. En 1962, Denis Offer[5] pidió a setenta y siete adolescentes de catorce años que respondieran a un cuestionario de unas cincuenta preguntas que permitían describir su mundo actual: ¿Eres creyente? ¿Eres popular entre tus compañeros? ¿Cuál es tu principal aspiración? ¿Qué te hace sufrir más?

Treinta y cuatro años después, ese psiquiatra reunió a sesenta y cuatro de las setenta y siete personas interrogadas y les planteó de nuevo las mismas preguntas.

¿Te sientes desgraciado en la escuela? A los catorce años, el 28 por ciento decían que lo pasaban mal. Pero a los cuarenta y ocho años, el 58 por ciento se acordaban de su sufrimiento.

¿Eres popular? El 25 por ciento de los adolescentes consideraban que eran apreciados mientras que, una vez adultos, el 50 por ciento recordaban hasta qué punto eran apreciados.

¿Qué sientes después de un castigo corporal? Ese tipo de actos se practicaban en la escuela en aquella época; nos daban un palmetazo en la punta de los dedos ¡y enseguida entendíamos el teorema de Pitágoras! El 82 por ciento de los adolescentes afirmaban que se sentían humillados, pero al llegar a la edad adulta, solo el 33 por ciento decían que habían sufrido castigos corporales.

La continuación de su historia ha modificado la representación de su pasado. Cuando uno piensa en su pasado y se encuentra con amigos de juventud, surge un sentimiento de amistad hacia compañeros de clase con los que apenas se hablaba. Cuando ha habido que aceptar un trabajo en la fábrica o en la mina, en el que cada gesto es una tortura, se relativizan los castigos corporales de la escuela. Incluso cuando uno es feliz, a menudo comenta su felicidad actual por los buenos recuerdos pasados: «Esos castigos corporales me hicieron fuerte, los superé». Si uno es desgraciado a los cincuenta años, establece la misma relación de causalidad a la inversa: «Esos castigos corporales me destruyeron».

El sentimiento asociado al recuerdo puede variar: «Me daba vergüenza que mi madre fuera a buscarme a la escuela con el delantal siempre mojado», decía ese adulto. «Hoy me da vergüenza haber tenido vergüenza, porque mi madre trabajaba muy duro para pagar mis estudios.» El simple desarrollo de la historia modifica la representación del pasado.

No somos sensibles a todos los objetos y acontecimientos que nos rodean. Si tuviéramos que procesar todas las informaciones, nada tomaría forma, estaríamos confundidos. Para tener las ideas claras, tenemos que olvidar.[6] Para representarnos nuestro pasado de manera indudable, solo tenemos que destacar los recuerdos que corresponden al estado en que nos encontramos cuando hacemos el esfuerzo de evocarlos.

El pasado se vuelve coherente gracias a nuestros olvidos y a nuestras remodelaciones afectivas. Cuando el mundo es claro, somos capaces de decidir qué sueños queríamos realizar siempre cuando éramos niños. Incluso podemos indignarnos por las heridas pasadas que creímos indoloras.

Es a partir del presente que «nous nous enivrons du vin du souvenir et du passé restauré»,* escribe Charles Baudelaire, gran experto en memoria.

La memoria traumática está compuesta de un conjunto de imágenes precisas, rodeadas de un halo de palabras y de sentimientos inciertos que debemos remodelar para no deprimirnos. En esa zona en reconstrucción es donde la creatividad nos proporciona un instrumento de resiliencia. Cuando todo es demasiado claro, estamos sometidos a la repetición, solo podemos recitar. En el asombro es donde experimentamos el placer de esclarecer. La parte luminosa nos aporta archivos verificables, mientras que la zona en sombra nos invita a la creatividad.

Hasta donde me alcanza la memoria, sé que siempre quise ser psiquiatra. Se extrañaban, me decían que era un falso recuerdo porque, después de la guerra, nadie hablaba de psiquiatría. En 1970, cuando ya era psiquiatra, estuve rebuscando en un baúl guardado en el desván de la casa que Dora y Adolphe acababan de comprar en Sannois. Encontré un paquete de «redacciones», como se llamaban en aquella época. El profesor preguntaba: «¿Qué quieres ser de mayor?». Leí con sorpresa que quería ser psiquiatra para comprender el alma de los seres humanos. Tenía once años. Recuerdo claramente el día en que, a los diez años, quise ser escritor porque un maestro me había felicitado. Recuerdo incluso la frase de la redacción que había suscitado sus elogios: «Saltaba sobre los charcos helados, con las manos en los bolsillos de un gabán que le quedaba demasiado grande». Quería ser psiquiatra cuando tenía once años, pero no obtuve la prueba de ese deseo hasta veinte años más tarde.

* «Nos embriagamos con el vino del recuerdo y del pasado restaurado.»

Lo que reúne y coordina los pedazos verdaderos de mi quimera es el sentido que hoy atribuyo a los hechos pasados. La narración permite ese trabajo de armonización de mis recuerdos y orienta el galope de mi quimera. Sin ella, cada pedazo de verdad iría en su propia dirección y nada tendría sentido. No podría saber quién soy, lo que me gusta y a lo que aspiro.

Después de la guerra vivía rodeado de charlatanes cacofónicos; unos contaban a voz en grito su resistencia, otros susurraban alusiones a los «tribunales de depuración»; oía palabras dulces, amargas, humillantes o reconfortantes que hablaban de la guerra, de la alegría recuperada y del valor de los franceses que reconstruían su país. El cine semanal era un acontecimiento extraordinario. La gente se endomingaba, acudía en familia o en grupo, escuchaba a los jóvenes cantantes que probaban suerte antes de la película, salía en el entreacto, comía helados; el cine era una fiesta.

Recuerdo haber visto obreros que, en la puerta de Clignancourt, dormían en chabolas; salían por la mañana caminando sobre tablones para evitar el barro e iban a trabajar con camisa blanca y corbata, ¡impecables!

La CGT pedía a los empleados que hicieran horas extraordinarias y a los obreros que trabajasen los sábados y domingos para reparar la red eléctrica, sin cobrar naturalmente, ya que el Estado no podía pagarles.

En ese entusiasmo diario de pobreza, de ayuda mutua, de ingenio y de alegría, yo no tenía la palabra. Era demasiado pequeño. Las cosas que a veces contaba, una frase aquí y otra allá, suscitaban el pesado silencio de los que me rodeaban. No duraba mucho, la vida continuaba, solo había estropeado unos minutos de su felicidad recuperada.

No es fácil atribuir un sentido a lo que me había sucedido cuando el parlamento de los charlatanes que me rodeaban evitaba abordar ese problema.[8] Cuando hay tantos relatos como personas, la máquina de producir sentido se vuelve cacofónica. Sin narración, no hay sentido, pero cuando hay demasiados relatos nuestra quimera no sabe hacia dónde debe galopar. Acaba imponiéndose un relato, se instala una verdad como si hubiera tenido un destino inexorable: es un mito.

La experiencia colectiva de la guerra fue dolorosa, humillante, asfixiante. Nadie entendió lo que había pasado. Unos optaron por la colaboración. Al principio gozaron de su poder y de su riqueza. Las fiestas elegantes se sucedían a diario en los restaurantes del mercado negro, en los teatros, los ayuntamientos y los Kommandantur. El humor de esos vencedores consistía en aplastar, en suscitar la risa mediante la humillación que infligían a los negros, a los judíos, a los pobres. Los superhombres se reían mucho.

En ese período, muchos resistentes descubrían la tortura y la solidaridad para hacer frente al enemigo.

La ausencia de relato, al igual que la cacofonía, impide la representación de uno mismo que da sentido a la existencia. Durante los años de posguerra, solo pude elegir entre el letargo y la algarabía.

El pasado restaurado

Por suerte, aparecieron en mi entorno dos tutores de resiliencia: la relación entre Dora y Émile y el mito comunista.

Cuando Dora me presentó a Émile, este se quedó de pie junto a la puerta porque la habitación era demasiado pequeña para contener varias sillas. ¿Por qué me sentí inmediatamente fascinado por su fuerza y su amabilidad? Hoy diría que su aspecto suscitaba en mí la emoción de lo que esperaba: la fuerza y la amabilidad. Émile representaba lo que yo esperaba ser algún día, cuando fuera mayor. Tal vez es así como se manifiesta el Edipo «cuando dramatiza la identificación con un adulto del mismo sexo, con su configuración afectiva que revela el sueño personal al que se aspira».[9] No sentí esa misma emoción cuando Dora me presentó a sus amigos, el corso bailarín acrobático o Maurice, el Fred Astaire de Montmartre. Me parecían simpáticos, alegres y unos bailarines notables. El corso me aconsejaba que me hiciera militar: «Recorrerás el mundo —me decía—, e irás bien vestido». Pero esto no significaba nada para mí. Me gustaban los dos, aunque su camino no era el mío.

Cuando me presentó a Émile, Dora dijo: «Vamos a vivir juntos. Émile es científico y juega al rugby». Yo no sabía qué eran ni la ciencia ni el rugby, pero lo adopté de inmediato.

Entonces sucedió un fenómeno extraño. Durante los meses en que Dora y Émile buscaban un piso más grande, me convertí en un alumno excelente, como si mi mundo íntimo se iluminase de repente.

Me habían matriculado en la escuela de la rue Turgot, la misma escuela donde había tenido un rendimiento deplorable. Durante los dos años que siguieron a este fracaso se fueron sucediendo sin pausa los desgarros administrativos que me adjudicaban alternativamente a Margot o a Dora. Esas fracturas repetidas entre las instituciones bordelesas y los retornos parisinos impidieron cualquier posibilidad de escolarización y de tejido de vínculos.

Desde el instante (y digo bien «el instante») en que supe que Dora la bella bailarina iba a vivir con Émile el robusto científico, la escuela se convirtió en un lugar de felicidad.[10] Recuerdo el rostro y el nombre de mis compañeros, recuerdo a los maestros que se dirigían a nosotros con amabilidad, incluso conservo en la memoria los maravillosos recreos con los juegos de canicas, las carreras de «policías y ladrones» y sobre todo las historias que inventaba y que hacía representar a mis compañeros de clase.

A partir de ese instante, siempre fui el primero. Me adelantaron un curso para preparar el examen de ingreso en el liceo, que, en 1948, estaba reservado a una ínfima minoría. Mancheron, un compañero de la escuela, me ayudó a recordar hace poco que, en una clase de cuarenta y cuatro niños, solo tres entramos en el liceo.

La rapidez de esa metamorfosis intelectual me sigue sorprendiendo todavía hoy. Tal vez fue posible gracias a la conjunción de dos fenómenos:

- adquisición en mi interior de la serenidad afectiva que me ofrecían Dora y Émile;
- algunos hechos que sedujeron a los profesores.

Mi vida mental se había detenido a los dos años, cuando mi madre, tras el alistamiento de mi padre en el ejército francés, se quedó sola y angustiada por la idea de su inminente detención. Después siguieron unos años de persecución, de trato constante con la muerte y de aislamiento sensorial. Los desgarros afectivos, repetidos una y otra vez, la prohibición de salir o de ir a la escuela, el sentimiento de ser un monstruo hicieron imposible el menor desarrollo. No sufrí durante esas agresiones ya que mi alma estaba paralizada. Uno no siente nada cuando está en «agonía psíquica», se respira un poco, y ya está.

«Lo que caracteriza esta época es ante todo la ausencia de puntos de referencia. Los recuerdos son pedazos de vida arrancados al vacío, sin ninguna amarra [...] no había ni principio ni fin. Ya no había pasado y, durante mucho tiempo, tampoco hubo futuro, simplemente pasaba el tiempo. [...] Las cosas o los lugares no tenían nombre; las personas no tenían rostro.»[12]

Joseph Bialot, adolescente superviviente de Auschwitz, hace la misma constatación: «No hay nada que comprender en un mundo incomprensible donde solo existe una ley, la porra, una sanción, la muerte, un razonamiento, la sinrazón».[13] Cuando la realidad es una locura, ¿cómo va a organizarse el mundo mental de un niño? Para estructurar un alma hace falta un sueño, un proyecto para comprender y reparar las ruinas.

Bastó que la existencia dispusiera a mi alrededor un sustituto afectivo, una hermosa bailarina y un robusto científico para que la vida volviera a mí como una bocanada de felicidad. Vivía, era más fuerte que la muerte, había burlado al ejército alemán, había encontrado una nueva familia y en la escuela inventaba constantemente historias de animales, de indios y vaqueros que me permitían rodearme de una multitud de pequeños candidatos a comediantes entre los que elegía quién haría el papel de caballo indómito, de indio astuto o de malvado vaquero.

¡Un torrente de felicidad!

Los recreos se quedaban demasiado cortos para mis representaciones. Y, sin embargo, allí fue donde se produjeron algunos hechos insignificantes que orientaron mi nueva forma de vivir.

Creo que se llamaba Hugues, o algo así, ¡casi es demasiado hermoso cuando se juega a los indios! Le había comentado lo orgulloso que estaba de tener una madrina, una segunda madre bailarina, él me escuchó con seriedad, y luego iniciamos una partida de canicas en la que el lanzador debía situarse a tres metros, la distancia más difícil. Mientras me preparaba para lanzar las canicas, le vi cotilleando con el que exhibía una hermosa ágata.[14] Los dos compinches se decían algo al oído, y me miraban muertos de risa. Comprendí que estaban hablando mal de Dora. La canica ágata que tenía en la mano le alcanzó en pleno cráneo. Les aseguro que dejó de hablar. Me sentí orgulloso de la precisión de mi tiro, pero este incidente confirmó, una vez más, hasta qué punto el silencio era protector. Cuando se lanza una idea al aire, no se sabe cómo caerá, no se sabe qué hará el oyente con ella. ¿La utilizará para burlarse de ti, para rebajarte o para hacer que te detenga la Gestapo? Lo que para mí era belleza y felicidad, para él se convertía en un arma para humillarme.

Ni siquiera en tiempos de paz se puede decir todo. Yo seguía el proceso mental que, mucho más tarde, me llevaría a pensar: «Admiro a los silenciosos. Los que saben callar están protegidos, son invulnerables». Todos los heridos del alma sienten el efecto protector del silencio. Necesitarán mucho tiempo para descubrir que esa legítima defensa crea una relación especial. Cuando uno vuelve del «ultramundo», los recuerdos y las palabras han adquirido un significado difícil de compartir. ¿Quién puede comprender la euforia que se siente cuando te detiene la Gestapo tras varios meses de aislamiento? ¿Quién puede comprender que los golpes no son traumáticos? Duelen en el momento de recibirlos, pero cuando carecen de significado no causan un daño afectivo. ¿Quién puede comprender que una bailarina puede ser hermosa, alegre y perfectamente moral? Las posguerras son revoluciones culturales en las que hay que repensarlo todo. Surgían nuevos valores, pero el pensamiento perezoso nos invitaba a aceptar los discursos de antes de la guerra. El matrimonio en aquella época servía para tejer relaciones sociales y de protección mutua, pero no un sentimiento amoroso. Las bailarinas eran mujeres al margen de la cultura, como lo habían sido antes los comediantes y los novelistas.

Un traumatizado no elige el silencio. Es su contexto el que le hace callar. Cuando se vuelve del «ultramundo», «en qué lengua, con qué palabras podrá narrarse la experiencia [...], el silencio en todas sus formas —mutismo intermitente, rechazo de una reciprocidad [...] interrupción de cualquier forma de lenguaje— es la única respuesta que se le ofrece al superviviente».[15] Cuando no se entiende nada de lo que se dice, cuando todas las palabras son distorsionadas, ¿cómo no callarse? La personalidad se escinde en una parte socializable y, de repente, un mutismo en el que uno se siente seguro en su silencio, protegido en su encierro. El oyente, desorientado, experimenta una sensación de extrañeza que él mismo ha provocado y que atribuye a los demás, porque ve que se callan con una rapidez que llama la atención: «Regresé de entre los muertos y creí que esto me daba derecho a hablar, pero cuando me encontré frente a los demás, no tuve nada que decirles porque en el lugar del que vengo aprendí que no se puede hablar a los otros».[16]

El derecho a hablar

Durante la guerra, uno calla para no morir. Después de la guerra, sigue callando para compartir con los otros únicamente lo que son capaces de entender. Es curiosa esta cultura que reprocha a los heridos no haber hablado, cuando es la propia cultura la que les hace callar.

Cuando inventaba historias de indios que burlaban al ejército de vaqueros, distinguí entre los espectadores a un maestro interesado que se sentaba en primera fila, atento y divertido por las peripecias de la historia. Vi que al acabar el recreo comentaba mis representaciones con sus colegas.

Un día, al llegar a la escuela, descubrí que se me había olvidado por completo estudiar la lección. Me apresuré a excusarme ante la profesora, diciéndole que no había tenido tiempo de estudiar porque me había pasado el día jugando con Émile. Se produjo un estallido de risas en la clase, seguido de una respuesta imparcial de la maestra que dijo que su pluma apuntaría al azar en la lista de clase y designaría a qué alumno preguntaría. Durante el recreo, no renuncié a la representación que tenía programada. Mis pequeños actores esperaban, al igual que el maestro espectador de primera fila.

Por suerte, la clase estaba en el segundo piso y la multitud de alumnos subía lentamente. Así que tuve tiempo de aprenderme la lección. La pluma de la maestra me señaló al azar, pero como acababa de leer el texto, saqué un diez. «Creí que no te sabías la lección», me dijo la maestra. «La he estudiado mientras subía la escalera», respondí. Observé cómo alzaba las cejas y asentía admirada con la cabeza.

Poco tiempo después, el director y esa maestra me llamaron para comunicarme que alguien me acompañaría el día del examen de entrada en el liceo.

Nos aprobaron a los tres. Los otros niños seguirían sus estudios hasta obtener el certificado de escolaridad, y luego se pondrían a trabajar en los campos, en la fábrica o empezarían como aprendices a los trece años.

Conservo en la memoria una sucesión apenas visible de hechos apenas verbalizados que sin embargo —estoy convencido de ello— me permitieron acceder al liceo Jacques-Decour. Yo era un alumno más bien destacado, un director de teatro prolífico, me expresaba con facilidad, pero...[17]

Si hubiera sido un niño bueno en la escuela, con una familia estable, la maestra no habría tenido que acompañarme el día del examen. Habría seguido la corriente que me habría orientado hacia el liceo o hacia la fábrica. Un niño bueno es transparente, se deja llevar. «Mi» trauma, aunque no explícito, ¡me había personalizado! Por suerte, esa herida identitaria, que me impedía saber quién era, había provocado una imaginaria catexis excesiva en la que me construía. No sabía en qué consistía ser judío. ¿Era algo visible? ¿Era algo invisible? No sabía de quién había nacido. Lógicamente, mis padres eran judíos puesto que desaparecieron en Auschwitz. ¡Qué prueba más inquietante! ¿Qué hay que hacer para ser judío?

En semejante historia, la afirmación de uno mismo es angustiosa puesto que se trata de... declarar que uno es... algo que no sabe... Por suerte, la escisión me había proporcionado la posibilidad de doble pensamiento, un sentimiento de doble pertenencia.[18] Pertenecía a las personas a las que me apegaba: Dora la bailarina y Émile el científico. Encajaba en ese apoyo, me sostenía por fuera. Veía con buenos ojos a los compañeros de la escuela, a los profesores que me tenían estima y a los vecinos que me hacían que les contara episodios de la guerra para reírse un poco. Pero organizaba mi pensamiento en torno a un doble mundo: uno que podía compartir en el que explicaba historias que divertían a la gente de mi entorno; y el otro intenso que no salía de mi cripta. Dora decía riendo que mi talento oratorio me convertiría en portero o abogado. Mis compañeros de escuela representaban las comedias que inventaba, y los maestros espectadores aplaudían sonriendo.

Creía que contar historias me permitiría no contar mi historia. Confiaba en esconderme detrás de lo que inventaba cuando en realidad ponía en escena lo que no podía decir.

Adivinen en quién pensaba cuando inventaba el papel del indio que escapaba de la persecución de los vaqueros que quieren matarle. ¿Por qué imaginaba chicas maravillosas que protegían a ese indio? ¿Por qué razón se llamaban Margaret?

Había otras representaciones de mi mundo íntimo que no podían ser compartidas. Por la noche, cuando me dormía, trataba de recuperar el sueño de la noche anterior: me veía en el bosque, escondiéndome en el fondo de una gran madriguera llena de luz, con la única compañía de algunos animales. Por lo menos, ellos no deseaban mi muerte, no me juzgaban ni se burlaban de mí. Nos teníamos cariño sin necesidad de justificarnos. Nos queríamos, sencillamente. Estábamos bien juntos, sin más.

La verdad narrativa no es la verdad histórica, es la adaptación que hace soportable la existencia. Cuando la realidad es caótica, lo que la convierte en coherente es establecer un acuerdo con la memoria. Algunas de las historias que inventaba para expresar mi mundo íntimo suscitaban en los adultos una impresión curiosa: «¿De dónde saca todo esto?», decían sonriendo. Me gustaba que mi imaginación les causara asombro; en cambio, me sentía aturdido cuando veía aparecer en su rostro un gesto de duda. Sus reacciones mudas formaban parte de la construcción de mi relato.

Por eso el relato adaptado de lo que me había sucedido era más coherente que la verdad de los hechos: las escaleras por las que había bajado corriendo para escaparme eran más pequeñas que las de *El acorazado Potemkin*; la ambulancia a la que me había lanzado para esconderme era una simple camioneta; el oficial alemán que había dado la autorización para partir no había mostrado más que desprecio hacia la mujer que se estaba muriendo encima de mí.

Me iba bien que mi entorno me hiciera callar, facilitaba mi negación, me ayudaba a poner en práctica la estrategia de vida aconsejada a la mujer de Lot: «Adelante... adelante... no te vuelvas hacia tu pasado».

Ese sálvese quien pueda psicológico me permitía no sufrir, aunque ofrecía una curiosa imagen de mí a quienes me rodeaban. Por lo general alegre, activo e inventivo, de repente me volvía sombrío, cerrado y a veces colérico: ¡era dos personas a la vez!

No hay ninguna historia inocente. Contar es exponerse al peligro. Callarse es aislarse.

Pruebas mudas y relatos colectivos

Gracias al recurso de los relatos, conseguía ocupar un lugar entre los demás. Algunas anécdotas luminosas que interesaban a los adultos me permitían mantener oculto lo que no podía decir. Hablaba de la guerra convirtiéndola en una representación alegre. Hablaba de la gloria de mi padre, herido en Soissons, cuando detuvo, él solo, el avance del ejército alemán. Explicaba con detalles el valor de mi madre cuando le devolvió los caramelos al soldado y le insultó en alemán. El relato de mi epopeya familiar me permitía no decir lo que los demás eran incapaces de entender. Su incredulidad fue la que instaló en mi alma la cripta silenciosa que perturbaba nuestra relación.

Con estas ordalías íntimas, tenía necesidad de probarme a mí mismo que siempre era posible no capitular ante la muerte. Se puede huir de ella trepando por unas paredes lisas, evitando estornudar, sumergiéndote en los torbellinos del puerto de Capbreton o dejándote caer del extremo de las ramas. No era una erotización del riesgo, un flirteo con la muerte. Era más bien la construcción de la prueba de que es posible ganar la libertad. Argumento preverbal, se trata de un guión conductual que se encargaba de decirme: «Esto es lo que hay que hacer para vencer a la desgracia».

Yo sentía la desgracia. El sentimiento de merecer la muerte por un crimen que tenía que cometer, las fracturas afectivas constantes habían dejado en mi memoria una representación alterada de mí mismo. La combatía gracias a esas ordalías íntimas que a un adulto equilibrado le debían de parecer estúpidas.

Después de la guerra, conservé el hábito de realizar esas pruebas secretas. Cuando Dora abandonó el baile para dedicarse al comercio, la acompañaba a menudo a los mercadillos de Creil, de Argenteuil o de Châteaudun, lo cual me causaba un retraso considerable en el liceo. Entonces me planteaba el reto de aprender en una noche lo que habían explicado durante la semana. Me gustaban los esfuerzos costosos que me permitían sacar buenas notas,[19] pese al hándicap de las ausencias. Ese entrenamiento para afrontar las pruebas me proporcionó un valor malsano que, más tarde, me permitiría estudiar medicina en unas condiciones materiales realmente poco razonables. A Dora no le sorprendían mis actitudes extrañas. No me pedía explicaciones. Era así.

El final de la guerra no trajo la paz. El contexto cultural, los noticiarios filmados, el cine, las novelas, las tertulias preferían hablar de la alegría del reencuentro de dos millones de prisioneros que por fin volvían a sus casas. Miles de «resucitados» de los campos deambulaban como fantasmas.[20] Era visible el dolor que les poseía, pero no decían nada. Las familias que estaban de luto no soportaban los relatos de horror que estropeaban las veladas y envenenaban el retorno de la vida. Los únicos relatos que se fomentaban eran los de una Francia resistente durante la guerra y laboriosa en tiempos de paz. Había que silenciar el horror y representar el valor.

Los resistentes que habían sobrevivido tampoco hablaban mucho. Se mantuvieron unidos después de la guerra y formaron grupos de amigos, casi como una familia; se hacían mutuamente padrinos de sus hijos, se ayudaban, militaban o iban de vacaciones juntos.

Un hermano de mi madre, el tío Jacques, se alistó en los FTP[21] a los dieciocho años. Cuando le conocí, me pareció un adolescente y consideré normal que hubiera luchado contra el nazismo. Mi padre había hecho lo mismo al alistarse en el ejército. En aquella época no se hablaba de la Shoah,[22] tampoco se hablaba de genocidio, solo se hablaba de la Francia combatiente y de su reconstrucción. Los relatos colectivos cantaban las alabanzas de De Gaulle, de Leclerc, de la Resistencia comunista y hasta de la gente corriente que había resistido a escondidas. Como esos discursos decían una buena parte de verdad, permitían asociar a los que no habían combatido. Recuerdo una película que le encantaba a todo el mundo: *Le Père tranquille*.[23] Un simpático actor que no tenía nada de héroe, y que se llamaba Noël-Noël, encarnaba a un gris funcionario que todo el mundo creía que se escaqueaba. Pues bien, desengáñense, afirmaba la obra, todos resistieron, incluso los tímidos, incluso los antihéroes. Esta amable representación suscitaba muchos comentarios. Todo el mundo aportaba un testimonio análogo: se sabía de un cartero al que se creía colaboracionista y que en realidad había proporcionado armas a los resistentes; todo el mundo citaba el caso de un campesino que había escondido a un paracaidista, o de un empleado del ayuntamiento que había fabricado carnets de identidad falsos. Muchos casos eran ciertos. Los comentarios provocados por la película daban un nuevo lustre a la imagen de Francia, vencida y colaboracionista.

De los judíos no se hablaba. Había muy pocos (doscientos cuarenta mil en 1945) y se hicieron cómplices de los relatos colectivos. «La voluntad de los judíos de no singularizarse de la nación francesa impidió tomar conciencia de la Shoah.»[24] Sin embargo, fueron muchos los judíos que pasaron a España para alistarse en las Fuerzas Francesas Libres: «Esperaba a la Iglesia —dijo De Gaulle—, y vi llegar a la Sinagoga». Los escultistas judíos crearon los maquis de Toulouse y del Tarn. En el regimiento de la Legión Extranjera del ejército francés, donde combatió mi padre, solo había republicanos españoles y judíos de Europa central. En Oriente Próximo, cuarenta mil judíos palestinos (que todavía no eran israelíes) se alistaron en el ejército francés del general Koenig y desempeñaron un papel tan importante en la derrota de los ejércitos alemanes de Rommel en Bir Hakeim que el general los invitó a desfilar junto a la bandera francesa.

En realidad, fueron muchos los judíos en edad de combatir que participaron en la lucha contra el nazismo.[25] Pero lo que ha quedado grabado en la memoria colectiva son las persecuciones, con sus imágenes de columnas de hombres, mujeres y niños desamparados, amontonados en vagones que les conducían a los hornos crematorios y a los osarios.

Los judíos lucharon como franceses, pero fueron perseguidos como judíos. Eso es cierto, en ambos casos, si bien la quimera colectiva solo representa en imágenes a los que «se dejaron llevar al matadero como corderos».

Élisabeth de Fontenay,[26] Claude Lévi-Strauss y Marguerite Yourcenar simplemente querían decir que, para aquel que tiene una visión del mundo jerarquizada, no es un crimen sacrificar a un judío como se mata a un cordero. Se les puede aplastar sin sentir vergüenza ni culpabilidad porque no son seres humanos. La imagen de los corderos conducidos al matadero no es falsa, pero solo habla de las persecuciones y no de los combates. Los relatos colectivos se apoderan de una verdad parcial para extenderla de un modo abusivo al conjunto del pueblo judío. Lo que es parcialmente verdadero se vuelve del todo falso. Así es como galopan las quimeras colectivas.

Los «resucitados» también se hicieron cómplices del silencio. Cuando regresaron libres a Francia, no tenían nada que decirse y los que encontraron a algunos miembros de su familia «se sentaron a una mesa donde había más muertos que vivos».[27] Los *dybbuks*[28] de la Cábala habitaron las casas donde todo el mundo pensaba en los desaparecidos sin poder hablar de ellos.

En el cine, íbamos a ver en las pantallas los problemas de la ciudad. Los obreros organizaban sus luchas sociales; en las ciudades mineras los hombres, convertidos en héroes por su familia, morían por una explosión de grisú… Se les admiraba, se les lloraba. En *La Bataille du rail*,[29] los ferroviarios saboteaban las instalaciones alemanas, y los burgueses con sus modales ridículos explotaban a la buena gente. El cine de posguerra desempeñaba la función democrática del teatro en la Grecia clásica. Teníamos que ir para ver en la pantalla las escenas de la vida cotidiana que debíamos comentar. Esas citas eran acontecimientos maravillosos. Un fuerte timbrazo anunciaba a la gente del barrio que la sesión estaba a punto de empezar. Salíamos corriendo, asistíamos primero a un pequeño concierto de órgano en el Gaumont Palace o a un recital de canciones en el Marcadet. En el entreacto, las vendedoras pasaban por las filas preguntando si «queríamos helados». Luego se apagaban las luces, empezaba la magia y regresábamos a casa para seguir discutiendo sobre nuestros problemas y nuestras concepciones de la sociedad que los actores acababan de encarnar en la pantalla.

Paradójicamente, esa alegría necesaria hacía callar a los supervivientes: «Henri regresó a París, pero enseguida corté toda relación con él [...], siempre a la defensiva, no conseguía adaptarse a su nueva condición. [...] Volví a ver a Armand tres o cuatro veces [...], un chico simpático, pero ya no teníamos nada que decirnos».[30] Lo que había unido a los hombres en el enfrentamiento al horror los separaba al restablecerse la paz. ¿Habrían podido compartir el recuerdo de las humillaciones, de las ropas mugrientas, de las diarreas incontenibles, de las vilezas inconfesables? Era un alivio dejar de verse.

¿Era esa la razón por la que, desde que vivía en París con Dora y Émile, cada vez me costaba más escribir a Margot?

Cuando la ficción dice la verdad

En un contexto de paz en el que los relatos colectivos hablaban alegremente del valor frente al ocupante y del trabajo entusiasta para construir una sociedad mejor, los testimonios de los supervivientes parecían obscenos. De modo que callábamos... era asunto nuestro.

Hace poco he conocido a personas que eran adolescentes en Auschwitz. Esos jóvenes supervivientes pensaron: «Nadie nos creerá, así que mantengámonos juntos, casémonos». Esos matrimonios de la desesperación en medio de la incomprensión del entorno constituyeron pequeños grupos afectivos donde realmente se sintieron comprendidos y formaron parejas estables. Hablaban con toda libertad de la pesadilla vivida... ¡y sus hijos ahora les reprochan haberles hecho vivir en el horror de lo que les había sucedido!

Había que callar para no vivir en la vergüenza y el horror, para no fastidiar la fiesta del país que renacía y para no transmitir nuestra monstruosidad a las personas que amábamos. Esa enorme negación enquistó en el fondo de nuestra alma una cripta donde murmuraban los fantasmas. Nos relacionábamos dando una imagen extraña, a menudo alegre, activa y segura. Cuando, de repente, una sombra alteraba esta relación: «¿Qué le pasa? ¿Qué oculta? ¡Sin duda tiene algo que reprocharse!». Hablar transmitía el horror, callarse comunicaba la angustia; no es fácil vivir como un superviviente.

Al encontrar lo que había quedado de mi familia, yo era un superviviente entre supervivientes. ¿Cómo quieren que hablemos claramente?

Los que estaban orgullosos de su guerra se codeaban con los que todavía sufrían por su causa, y sin embargo los dos grupos mantenían un discurso extraño. Los que no tenían nada que reprocharse —las personas honestas, los gaullistas y los comunistas—, entre los que estaba Jacquot, también tenían una extraña manera de hablar. Se expresaban con claridad en público, pero su discurso en casa era distante, abstracto, filosófico o político, nunca íntimo o afectivo.

Yo estaba orgulloso de la resistencia de Jacques, aunque no sabía nada de lo que había hecho en el día a día. Hablaba del tamaño del «partido de los fusilados»,[31] militaba junto con sus antiguos camaradas de combate, se querían, reían y recitaban eslóganes que yo aprobaba, pero que nada me decían de su vida cotidiana. Tardé mucho tiempo en comprender que ese refugio en la teoría era una manera de no desvelar su intimidad. Me enteré poco a poco de cómo Jacques había tenido que implicarse físicamente en el combate.[32]

A mi alrededor se hablaba de la Shoah, pero distanciándose, nunca en la intimidad. Simplemente se comentaba lo que se había escrito sobre la guerra. Los alemanes tenían archivos, hacían películas de propaganda, enviaban a su familia fotografías de vacaciones en Auschwitz y de hombres esqueléticos que les hacían reír.

Los perseguidos se pasaban el día escribiendo, tomaban notas para preparar sus futuras memorias y sus testimonios. En algunas agendas se acumulaban datos, hechos, palabras pronunciadas, el nombre de los verdugos y el de las víctimas. ¿Cómo se explica esa necesidad imperiosa de escribir? ¿Se debe a la cultura del pueblo del Libro o bien se había dado la orden expresa de conservar el recuerdo y dar testimonio? Esas notas parecen actas notariales: no hay poesía ni reflexión, solo una acumulación de hechos.

También tenemos escritos cuyo único objetivo era hacer soportable el horror. Las metáforas, como eran imágenes embellecidas, permitían dominar la emoción y decir la verdad sin molestar al oyente. Las reflexiones políticas o filosóficas, al intelectualizar la pesadilla, trataban de comprender cómo unos hombres habían podido aniquilar en masa a otros hombres.

A los once años yo estaba muy politizado. Conocía las teorías, tenía una opinión, había visto los osarios de los judíos en los noticiarios cinematográficos, pero desconocía los escritos que testimoniaban la persecución. Solo me interesaban las películas o las narraciones que transformaban esos hechos. Mi experiencia íntima permanecía en mi interior. Nunca hablaba de ella, nadie me preguntaba nada, la recordaba constantemente.

Los escritos de los testigos no formaban parte de la cultura. Los que escribieron en yídish no fueron traducidos. Los textos rusos, polacos o húngaros fueron acallados por los regímenes comunistas. Muchos testimonios se quedaron en los cajones, ignorados por la sociedad.

El cine era algo más osado. Era feliz oyendo hablar de *Noche y niebla*.[33] No soportaba ver las imágenes, pero tenía la impresión de que, gracias a esa película, el público reconocía la muerte de mis padres y la matanza de los judíos; era una oración fúnebre, en cierto modo. Yo tenía entonces dieciocho años. No había caído en la cuenta de que la palabra «judío» solo se pronuncia una vez en esa película. La mera evocación del genocidio me bastaba, porque al pronunciar la palabra se ofrecía una sepultura a mis padres.

Me encantaba la película de Charles Chaplin *El gran dictador*,[34] cuyo guion respondía a mis fantasías más insensatas, cuando de niño soñaba que un día ridiculizaría a Hitler.

El diario de Ana Frank[35] fue la película que más sosiego me proporcionó. Solo representaba lo que se podía representar: una buena familia cuyos miembros se quieren y se pelean mientras esperan que la Gestapo llame a su puerta. Nada que ver con los osarios, ni con Auschwitz, ni con las redadas. El mero hecho de que los no judíos de mi entorno hablaran de la emoción que sintieron en el momento en que comprendieron que la chica desaparecería con su familia provocaba en mí una reacción de muda gratitud. Así que ¿era posible reconocer nuestra muerte? Las obras de arte que invitaban a hablar de la tragedia ofrecían una lápida sepulcral a mis padres. No habían desaparecido por completo, ya que era posible hablar de su desaparición. Me sentía tranquilo, sereno, casi feliz gracias a esas historias que representaban un momento de la tragedia. Las novelas, las películas, las obras de teatro solo mostraban lo que la cultura era capaz de aceptar, pero esta aceptación provocaba en mí un sentimiento sorprendente: ¡ya no era un monstruo! Era como todas esas personas que, al comentar esas historias en mi entorno, me envolvían con palabras que significaban: «Habríamos reaccionado como tú si nos hubiera golpeado la misma desgracia».

La literatura sobre los campos de concentración no me procuraba sosiego. Al contrario, confirmaba mi monstruosidad. Nadie soportaba leer o escuchar semejantes testimonios. Fue la ficción la que actuó de bálsamo sobre mis heridas. No era una ofensa al dolor, porque lo que se escenificaba era una representación soportable del sufrimiento. Un imaginario susceptible de ser compartido señalaba el lugar de la desolación, preservando al mismo tiempo el pudor de los heridos.

André Schwarz-Bart narraba cómo era posible defenderse. En su novela *El último justo*, inventaba la historia de Ernie, cuya existencia destruida terminaba en una cámara de gas: «Alabado. Auschwitz. Sea. Maïdanek. El Eterno…».[36] Su lenguaje se descompuso cuando escribió esto. Que una historia verdadera se presentara como una novela permitía dominar el desquiciamiento interno y comunicar la emoción, en forma de un buen suceso susceptible de ser compartido. Sí, han leído bien, «buen suceso». El lector emocionado y no maltratado se interesaba por un destino que habría podido ser el suyo o el mío. Cuando la realidad era demencial, indecente, vergonzosa, la ficción le devolvía a Ernie su lugar entre los hombres, y me invitaba con él a cambiar la representación que me hacía de mi infancia. ¿Habría tenido el mismo efecto un documento judicial? ¿Habría conmocionado nuestras almas un papel timbrado? La ficción se apoderó de nuestras conciencias y nos ayudó a contemplar lo impensable.

¿Realmente fue la ficción? Ya no estoy seguro. Leí mal el libro, lo hojeé, pero me hacía feliz oír hablar de él. Gracias a él, oía palabras que antes era imposible pronunciar. Gracias a ellas, la aniquilación de mi familia, la destrucción de mi infancia se expresaban suavemente en voz baja. Ya no me sentía solo, expulsado de la cultura.

No se puede oponer una ficción en la que todo es inventado al testimonio que dice la verdad. Creo incluso que la imaginación está cercana a la memoria. Cuando quiero contar a los demás lo que me sucedió, rebusco en mi pasado el episodio que podrá formar parte «del edificio inmenso del recuerdo».[37] El tema con el que comienza este libro (la detención, la persecución, las fracturas afectivas repetidas)[38] es mi estrella matutina. Es la estrella la que me indica la dirección, el sentido que organiza la construcción de mi memoria. Al principio, fluctúo un poco, intentando dar con una imagen, una sensación o una palabra y, de pronto, ¡la encuentro! Aparece una imagen que da forma a lo que esperaba. Entonces puedo precisarla, ponerla en su contexto y encontrar palabras para comunicarla. En ese proceso que acabo de detallar, hay una fuerte intencionalidad de la memoria.[39] Cuando estoy obligado a callarme, cuando ya no tengo fuerzas ni deseos de entenderme con los demás, puedo seguir viviendo en el presente o más bien sobreviviendo en una existencia inmediata en la que nada tiene sentido.

En cambio, si tengo ganas de vivir con los demás, de compartir las emociones suscitadas por mis recuerdos, compondré un relato destinado a ellos. También en esto hay una intencionalidad: la anticipación de mi pasado organizará el futuro relato de mi memoria.[40]

Cuando imagino una novela, una película o cualquier otra obra de ficción, rebusco en mi pasado, en mí y en mi entorno, algunos hechos personales o relacionales que organizaré para darles una forma artística que confiaré a los demás. Si mi talento responde a sus expectativas, pasaremos juntos un momento agradable y edificante. En cambio, si ensamblo mal mis recuerdos o si hago una representación que no les parece adecuada, se aburrirán y yo me sentiré decepcionado. En cualquier caso, los demás y yo seremos los autores del placer o del aburrimiento que este libro les proporcionará.

En toda obra imaginativa hay un relato de uno mismo. En toda autobiografía hay una remodelación imaginaria. La quimera llamada «ficción» es hermana gemela del «relato de uno mismo». Me he esforzado por no mentir nunca, me he limitado a ordenar representaciones del pasado que permanece en mis recuerdos para convertirlo en un ser vivo, en una representación que pueda ser compartida.

La belleza, la guerra y la tristeza

Durante mucho tiempo me he preguntado por qué sufrí menos en la guerra que en la paz. No perdí a mi padre porque cuando se alistó yo tenía dos años y porque, como tenía a mi madre que me cuidaba, todavía no podía ser consciente de su ausencia. Cuando mi madre desapareció tras haberme dejado en la Asistencia para que no me detuvieran con ella, creo que no sufrí porque mi vida mental se apagó. No se sufre cuando se está en coma. Solo se sufre si se vive. No sufrí cuando me detuvieron porque lo viví como un día de fiesta, cuando la vida regresó a mí tras largos meses de aislamiento. No sufrí por la persecución porque admiraba a los Justos que me atendían y me proporcionaban seguridad. No sufrí por los golpes que se reciben sin odio, así, como de pasada, y que solo provocan un dolor momentáneo.

Cuando se restableció la paz y encontré a los supervivientes de mi familia, sufrí por las decisiones de los jueces que me adjudicaban alternativamente a Margot, en Burdeos, y a Dora, en París. Cada vez que cogía el tren, solo o confiado a un viajero anónimo, sufría por el desgarro de un vínculo que comenzaba a tejerse. Cada vez que tenía que pasar unas semanas o unos meses en una institución donde los adultos no dirigían la palabra a los niños, me sentía abandonado. No estaba solo, ya que tenía compañeros que taponaban la brecha, pero igualmente me sentía abandonado porque, por primera vez en mi vida, se me brindaba un vínculo que la sociedad desgarraba.

Entre los siete y los nueve años experimenté una fuerte sensación de pérdida que no había sentido durante la guerra. Desconcertado, cada vez que sentía tristeza descubría un placer sorprendente: ¡me contaba mi historia!

Antes de los siete años, no tenía posibilidad de hacer un relato sobre mí. Era demasiado pequeño, me desarrollaba como podía a merced de las personas que me rodeaban. Como no tenía representación del tiempo, no podía construir una historia.

A partir de los siete años, en plena ruina afectiva, descubrí el sorprendente placer de contarme lo que no podía decir. En cuanto estaba solo, en cuanto tenía una pena, me contaba la gloria de mi padre soldado, la belleza de mi valiente madre, el heroísmo del pequeño Boris detenido y evadido, la nobleza de los Buenos a los que hoy llamamos «los Justos», la victoria militar de mi compañero el teniente Pierre Saint-Picq liberando Bègles y la batalla de Castillon en la que había participado valerosamente tocando las campanas de la iglesia de Saint-Magne. ¡Qué placer sentía al contarme esa epopeya que yo conocía mejor que nadie! ¡Qué desesperación no ser un verdadero ser humano!

En mi mundo interior, me proyectaba la película de mi pasado, me sorprendía al verla, la revisaba, la precisaba y, cuanto más la repetía, más la deformaba esquematizándola. Tenía necesidad de esa cripta secreta y luminosa, de ese sepulcro subterráneo donde me refugiaba en los momentos difíciles. Cuando los recuerdos tristes invadían mi alma, los convertía en un relato que me aliviaba; cuando me contaba mi tristeza, cuando me proyectaba el guión de lo que causaba mi desesperación, experimentaba el mismo placer que se siente en el cine cuando lloramos con el héroe. Ese recurso al espectáculo interior, en el que me veía sufriendo y triunfando sobre el infortunio, atenuaba mi tristeza. Al buscar las palabras, al ordenar las imágenes y componer los guiones acababa experimentando un sentimiento de belleza. ¿Entienden? ¡Transformaba en belleza la guerra y la aflicción!

La imposibilidad de dar testimonio me obligaba a la cripta.[41] No tenía fuerza suficiente para hablar de esos temas tranquilamente. ¿Se puede hablar con serenidad de esos temas? La frialdad administrativa en la que me habían precipitado suscitaba mi hostilidad. Odiaba los expedientes en los que debía exponer mi situación familiar. Cuando dejaba que los recuerdos invadieran mi alma, sentía el peso de la tristeza incipiente. En cambio, cuando los modificaba para proporcionarme un espectáculo interior, cuando los organizaba para imaginar mi quimera íntima, me sentía feliz. Lo que provocaba mi bienestar no era el sufrimiento pasado, era la representación de ese sufrimiento dominado.

No todos los heridos del alma reaccionaron del mismo modo. Algunos permanecieron en un estado de agonía psíquica, prisioneros del pasado, dominados por las imágenes que se repetían en su interior. Otros se defendieron mediante el odio, como si la cólera pudiese protegerlos de la depresión. Uno no se siente tan mal si puede agredir a aquellos a quienes atribuye la causa de sus desgracias.

«Me gustaba tanto la cultura alemana —me decía Frédéric—. Recitábamos poesías, comentábamos las obras de los filósofos, recorríamos los pueblos. En las orquestas familiares, solo se tocaba música yídish y alemana. Todos los hombres de mi familia lucharon en el ejército de este país durante la Primera Guerra Mundial. Cuando un primo nuestro nos habló del auge del antisemitismo, nos enfurecimos con él, no podíamos creerlo. Tras la Noche de los Cristales Rotos,[42] huimos a Francia, donde unos años más tarde el ejército alemán nos persiguió y destruyó a gran parte de mi familia. Cincuenta años después, no soporto ver desfilar por los Campos Elíseos a los jóvenes soldados alemanes. Ni se me ocurre comprar un solo producto alemán. Además, he olvidado la lengua.»

Otros adultos, dominados por la furia de testimoniar, sencillamente quisieron poner por escrito la increíble serie de prohibiciones y vejaciones. Casi nadie ha leído la letanía de leyes que prohibían a los judíos ser humanos.

Una información que se repite al final deja de ser una información. Un amontonamiento de cadáveres impide tomar conciencia de que se trata de cuerpos humanos. Al ver la prótesis de una amiga, Charlotte Delbo supo que su cuerpo estaba en aquel montón.[43]

Escribir para dar testimonio

Escribir para dar testimonio no es una buena solución. Cuando la escritura evoca la angustia del pasado, despierta el recuerdo del horror. «La escritura a mí me hundía otra vez en la muerte, me sumergía en ella. Me ahogaba en el aire irrespirable de mis borradores.»[44] Hace falta tiempo para la negación.

Cuando el relato ayuda a dominar un hecho vivido con estupefacción, el herido delega su trauma en un portavoz: «Fui yo quien viví los hechos, yo, yo, yo, y sin embargo necesitaba [...] transformar el "yo" en "él". Me sentía dividido, incómodo, extranjero [...], sabía que si no escribía en tercera persona, no escribiría nada».[45]

Como es habitual, la expresión de uno mismo depende de una transacción entre el sujeto y su entorno. Algunas personas traumatizadas que en su infancia adquirieron una fuerza del yo y que, después del trauma, encontraron sostén se sintieron suficientemente seguras para dar testimonio sin florituras y limitarse a acusar. Otras, menos afirmadas y sin recibir apoyo después de la fractura, permanecieron prisioneras de su pasado. La mayoría tuvieron que negar, evitar el recuerdo del pasado, antes de encontrar fuerzas para decir «él» es el héroe de mi novela, el portavoz de «yo» soy aquel a quien le sucedió.

Los niños que tuvieron que esconderse para que no les mataran fueron obligados al «encriptado»,[46] como decía Georges Perec, mi hermano del alma. Demasiado pequeños para ser fuertes, envueltos en relatos colectivos en los que oían su condena a muerte, mal protegidos por las personas que, para salvarles, les aislaban y les pedían que no dijeran su nombre, se adaptaron a esta extraña transacción «organizando una cripta absolutamente privada, porque era invisible a la inmensa mayoría de los lectores».[47]

¿Acaso la novela sería para ellos la forma soportable del testimonio, una acusación encriptada, una confesión enigmática? Cuando Perec escribe *W, o El recuerdo de la infancia*,[48] lo que hace es escribir una narración de sí mismo en tercera persona, describir una denuncia del nazismo en esos Juegos Olímpicos estúpidos en los que se mata al último porque es el último. Y para «ellos, mis padres desaparecidos», escribe *La desaparición*, obra en la que la vocal «e» ha desaparecido.

Al final de su libro-testimonio encriptado, Perec escribe que «Lans [Villard-de-Lans] es el lugar del que conserva un recuerdo doloroso. Fue allí donde descubrió al mismo tiempo su identidad judía, la violencia ligada a esa identidad y la culpabilidad vinculada a la misma».[49]

También fue en ese pueblo donde yo descubrí mi identidad judía, su violencia y su culpabilidad que invitan con tanta fuerza a la aventura intelectual y al compromiso social.

Me habría gustado mucho que esa adquisición de la conciencia judía, común a Perec y a mí, se hubiera producido en el Gai

Logis, el sombrío internado situado detrás de la iglesia, donde el simple hecho de ser designado con la palabra «judío» me obligó a permanecer de pie detrás de los otros niños arrodillados, pues ellos sí estaban autorizados a rezar. No podré compartir ese recuerdo con Perec, porque he sabido que él se alojaba «en un *pied-à-terre* [...] subiendo a la izquierda, justo detrás de la plaza [...] en una calle estrecha». Éramos vecinos; el Igloo «no está lejos de la iglesia. Allá fue Georges Perec en otoño de 1941 para vivir con su tía Esther».[50]

Durante la guerra había estado en peligro por una palabra que no sabía qué significaba. Después de la guerra esa misma palabra pronunciada cuando mi tía superviviente me encontró me excluyó de nuevo del grupo. ¿Qué significaba esa palabra? ¿Qué designaba? La vida misma estaba encriptada.

La palabra «judío» pronunciada en un ambiente judío habría suscitado un agradable sentimiento de pertenencia. La misma palabra pronunciada en un medio no judío suscitaba un sentimiento de exclusión (yo no era como los demás), con un punto de extraño orgullo (yo no era como los demás). Privado de mi familia y de mis orígenes, el trauma se convertía en mi identidad secreta. Privado de raíces, experimentaba el placer que se siente cuando se viaja a un país desconocido. Al sentirme extranjero, todo resultaba sorprendente. Meteco viajero, extraño en mi tierra, no podía haber nacido más que en Burdeos, ni haberme empapado de otra cultura que la francesa, ni haber sido expulsado del país de mi infancia por los miembros de la Gestapo, los nazis y «los vecinos que podían denunciarme». Mi mirada exterior me convertía en un visitante en mi propio país, un marginado apasionado por el mundo de los demás.

Durante la guerra me había visto obligado a guardar el secreto para no morir. Después de la guerra el «encriptado» forzado me permitía adaptarme a las reacciones enfermizas de la gente normal. Me callaba porque nadie podía entender lo que tenía que decir. Sus reacciones me cortaban la palabra. A veces se me escapaban unas frases anodinas: «Me detuvieron [...] liberé Castillon tocando las campanas [...] le entregué flores al general De Gaulle...». ¿Qué está contando este crío?

¿Cómo quieren que mi testimonio dé una impresión de coherencia? Los adultos integraban mis intentos de hablar en la banalidad de su vida diaria y decían: «Deja de lamentarte, nosotros tampoco teníamos mantequilla». La interpretación de los oyentes, la degradación de los hechos evocados le quitaban toda la gracia a mi testimonio. Demasiada distancia que cubrir... Demasiadas palabras que pronunciar... Demasiadas pruebas que presentar... Mejor no decir nada, es más fácil.

Relatos poco armoniosos

Al principio tuve que callarme para no morir, luego me callé para estar tranquilo.[51] Cuando por fin me escucharon, las cosas no mejoraron. «Pobre pequeño», decían los adultos, y su piedad me aplastaba. A veces las preguntas demasiado concretas sobre mi evasión me hacían pensar que el interlocutor dudaba y quería pillarme. Una vecina me pidió muy amablemente que le contara cómo había sido violado por los pedófilos: «Un niño solo, ¡imagínense!». El tendero de la rue Ordener le dijo a una clienta: «Pídale a ese niño que le cuente lo malos que eran los alemanes». Aquel hombre me pedía que le explicara un horror para entretener a su clienta. Una chica me fustigó: «Yo, en tu lugar, habría muerto con mi familia». Estaba indignada, ¡me acusaba de haber sobrevivido, de haber abandonado a los míos! En una de mis idas y venidas en tren de París a Burdeos, Dora le pidió a un cura que se sentaba a mi lado que cuidara de mí. Durante el trayecto, le conté algunos detalles de mi historia y él replicó: «Para ser castigados de esa manera tan terrible tus padres debieron de cometer grandes pecados».

Mejor callarse.

Las interpretaciones de los otros me daban a entender que no era como los demás. Tenía que callar para parecer normal, aunque callando no me sentía normal.

Como había triunfado sobre la muerte, era un iniciado. Pero para poder permanecer en el mundo de los otros mi victoria debía permanecer muda. Así que me prometí a mí mismo que un día la contaría. No obstante, era necesario que antes llegara a ser capaz de hablar. Al principio creí que la psiquiatría legitimaría mi palabra al explicar la locura de las sociedades. Tardé mucho en comprender que antes de arriesgarse a hablar, es preciso lograr que los otros sean capaces de escuchar: «Puesto que he visto el rostro de la muerte, que los otros no han tenido ocasión de ver, algún día les diré cómo es».[52]

Yo no odiaba a los alemanes, ya que había comprendido que lo que los había vuelto crueles no era la maldad, sino su sumisión a una teoría absurda: «Cuando una institución se apoya en instintos fuertes, no admite ni enemigos ni herejes: los aniquila, los quema o los encierra. ¡Hogueras, cadalsos, cárceles! No es la maldad la que los inventó, es la convicción, cualquier convicción total».[53] Cioran sabe de qué habla, conoció el placer de someterse a un fanatismo absurdo cuando saludaba a Hitler recitando consignas antisemitas. Luego, asustado por esta terrorífica felicidad, evolucionó hacia una libertad anárquica talentosa en la que su autocinismo se convirtió en una forma de humor.

Callarse es hacerse cómplice de los asesinos, pero hablar es denunciar la intimidad, «desnudarse», como se dice a veces. Se puede «morir de decir»,[54] sostiene Rachel Rosenblum: cuando no decir es una mentira y decir es un sufrimiento. Por eso hablábamos tan poco del pasado en mi familia recompuesta.

Percibía el dolor de Dora cuando, con una breve frase, evocaba a Rose o a Nadia, mi madre, sus dos hermanas desaparecidas en Auschwitz. Su angustia era mayor aún cuando murmuraba: «Jeannette desapareció totalmente, tenía quince años». En ese «totalmente» yo entendía que ni siquiera había desaparecido en Auschwitz. No había nada que representarse.

Nada.

Dora contaba su guerra con una sola anécdota, cien veces repetida: intercambiaba comida por cigarrillos.

Sabíamos que Jacquot había entrado en la Resistencia a los dieciocho años y que había participado en golpes importantes. Hablaba de los otros, sus «compañeros de Resistencia», a los que veía con regularidad en manifestaciones comunistas y en reuniones de célula, pero no sabíamos nada de lo que había hecho. Cuarenta años después, una de mis pacientes, que también había sido resistente desde los quince años, temiendo que no la creyera me trajo un grueso libro donde estaban consignados los nombres de los resistentes reconocidos y sus acciones más destacadas. En ese libro leí que a los veinte años, a la cabeza de un batallón, Jacquot había participado en la insurrección de Villeurbanne.

En cuanto a Émile, ni una palabra, ni una alusión. Desde mi óptica infantil, pensaba que como no era judío no tenía nada que contar.

Veamos cómo se construía mi nicho verbal después de la guerra, en 1947. Margot y su familia seguían vivas en mi memoria, pero se alejaban a diario debido al conflicto con Dora. Hace unos meses encontré un certificado en el que Margot, en su deseo de adoptarme, le explicaba al juez que no se podía confiar un niño a una bailarina soltera. A Dora le sentó muy mal, fue nombrada tutora y designó a Émile tutor subrogado. Yo estaba contento de no ser adoptado, me permitía mantenerme fiel a mis padres. Gracias a ese fallo, me convertía en la razón de la unión oficial de Dora y Émile. ¡Gran momento de felicidad!

En Polonia, Dora había ido a la escuela. Pero al llegar a París, a los catorce años, tuvo que ayudar a sus padres. Luego la guerra le impidió seguir estudiando. A veces me decía: «Margot es una intelectual», lo que no era una buena señal. En presencia de Émile, se callaba; imagínense, ¡un jefe de laboratorio! Con sus amigos bailarines, Dora reía y hablaba, pero con los colegas de Émile se mantenía en segundo plano.

Cuando Jacquot llegaba a la rue Ordener, al otro lado de la colina de Montmartre adonde nos habíamos mudado, traía consigo la alegría, el calor y los discursos políticos. Émile hablaba de su laboratorio en LMT, cerca de los Inválidos. Comentaba sus trabajos sobre las centralitas telefónicas y los oscilógrafos catódicos que preparaban la llegada de la televisión. Oía hablar mucho de Svoboda, un emigrado checo que, si lo entendí bien, trabajaba de portero en el laboratorio para pagarse los estudios de ingeniería. Émile hablaba de él con aprecio, le ayudaba a preparar el examen de ingreso, pero nunca lo invitaba a casa. Yo estaba encantado con los enigmas científicos, las fotografías de esquí, de rugby y los relatos de los viajes que hacía para dar conferencias en Estados Unidos y en Brasil. Había que vivir así: ser alegre como Dora, comunista como Jacquot y científico como Émile.

Los compañeros de Jacquot, antiguos resistentes, me parecían apenas de más edad que los chicos mayores que, en el liceo, preparaban el bachillerato o el ingreso en las grandes escuelas. Esos «antiguos» combatientes me llevaban a las reuniones del Partido Comunista, me comentaban los artículos de *L'Humanité* y me presentaban a Henri Martin, un héroe que estrechaba las manos mirando hacia otro lado. Ese marino, enviado a Vietnam para combatir pese a ser un ferviente anticolonialista, se había convertido en un ídolo para los comunistas. Como militar, se arriesgaba mucho al escribir: «Nuestra sangre no se vende [...], marineros de Toulon, no nos hemos alistado para ir a morir en Indochina en provecho de los banqueros franceses».[55]

Yo no tenía conciencia de lo no-dicho después de la guerra porque lo que define la negación es justamente no decir, decir poco, eludir, relativizar a fin de orientar la conciencia hacia hechos más agradables de compartir. Para volver a vivir teníamos que evitar el pasado y contemplar únicamente el futuro. Para no correr la misma suerte que la mujer de Lot, era preciso sobre todo no volverse hacia las ruinas del pasado donde todavía ardían algunos problemas no resueltos.

El contexto relacional es el que pone de relieve lo que el niño recuerda. Pero para hacer una historia, se requiere que haya una armonía entre los relatos de uno mismo y los relatos circundantes, una «coherencia narrativa».[56] «Pertenecer a una cultura es [...] realizar, aceptar o percibir sus objetivos a través de los marcos sociales que proponen un acuerdo».[57] Cuando el entorno no está dispuesto a escucharos o cuando los relatos del entorno narran una cosa distinta a la que habéis vivido, es difícil y hasta peligroso testimoniar.[58] Decir es ser excluido. Callarse es aceptar la amputación de una parte del alma.

Tenía diez años cuando supe que Poncio Pilato se había lavado las manos. Aquel día también descubrí que pertenecía al pueblo que había matado a Jesucristo. De entrada, ese asunto me pareció discutible: puesto que me habían enseñado que Dios era todopoderoso, era él quien había ordenado a los judíos que mataran a su hijo. Así que Dios no era tan bueno. O bien ¡había que admitir que los judíos eran más poderosos que él!

La mirada de los otros acababa de hacerme judío. Seguía sin saber qué significaba esa palabra, pero comprendí que en mi origen había un enigma trágico y apasionante ¡capaz de volver megalómano a cualquier niño!

Todavía hoy me impresiona nuestra incapacidad para limitar el pensamiento. Apenas acabamos de descubrir un hecho y ya lo generalizamos hasta el absurdo. Nuestro deseo de descubrir las leyes generales que regulen nuestra conducta nos lleva a inventar fábulas a las que nos sometemos.

4

La huella de los otros

El día en que asesinaron al presidente Kennedy me encontraba en Montpellier, en casa de un tío de mi mujer. Cuando la radio anunció la asombrosa noticia, yo estaba de pie en el salón, entre un pesado armario normando y un tapete sobre la mesa. Era un tapete de encaje sobre el que había un jarrón. Así es un recuerdo. Ya no oigo la voz de la radio, pero sé que ha anunciado el asesinato del presidente. En cambio, veo la imagen del tapete debajo del jarrón, aunque ya no veo el jarrón, y también recuerdo el volumen de la sombra del armario. Un hecho chocante puede tener un efecto de contagio emocional: vi el tapete y almacené el recuerdo para contextualizar la información sonora de un hecho excepcional.

Relato del trauma y contexto cultural

Un tiempo después del asesinato, las radios, los periódicos y los rumores repetían, a modo de consigna diaria, que los habitantes de Dallas no habían protegido bien el trayecto del presidente Kennedy. Por tanto, eran responsables de la tragedia. Tras la protesta de los ciudadanos, se constató que esta presión acusadora provocaba una sorprendente solidaridad. En los tres años que siguieron a la muerte de Kennedy, la ciudad conoció una asombrosa expansión.[1] Se limpiaron las calles, se construyeron edificios de aspecto cuidado y, sobre todo, se reforzó claramente la fraternidad de los habitantes. Generosos donantes financiaron asociaciones que se ocupaban de los pobres y de las actividades culturales. Esta solidaridad colectiva era la expresión de un mecanismo de protección frente a un estrés cultural, ya que al mismo tiempo los hospitales registraron un aumento de infartos y de suicidios. Protegiéndose unos a otros frente a la agresión dinamizaban la ciudad. Tal efecto de protección estimulante cesó tras el asesinato de Martin Luther King. ¡Entonces fue la ciudad de Memphis la que se benefició del mismo fenómeno!

Ya sea colectiva o individual, la memoria es intencional: busca en el pasado los hechos que dan forma a lo que uno siente en el presente. Cuando en un grupo se comparte un mismo relato, cada uno recibe la seguridad que le proporciona la presencia del otro. Contar la misma historia, creer en las mismas representaciones engendra un sentimiento de gran familiaridad. Por eso, los relatos compartidos, los mitos narrados, las plegarias recitadas constituyen excelentes tranquilizantes culturales.

El trauma colectivo solidariza a los miembros del grupo que se reúnen para hacer frente al agresor, mientras que el trauma individual desune porque induce a relatos imposibles de compartir. El destino del trauma difiere según el contexto verbal: «Un hecho traumático colectivo inevitablemente es mediatizado, filtrado por el grupo, la familia, la cultura y la sociedad, a diferencia de una agresión individual que tiene tendencia a aislar al individuo en su sufrimiento».[2] Después de un drama colectivo, se constata a menudo la aparición de un impulso de solidaridad y del tejido de vínculos afectivos entre las víctimas. Pero «cuando el trauma es individual, el relato colectivo impide incluso la elaboración individual».[3]

Schaul Harel tuvo una infancia comparable a la mía. Nacido en Bélgica, huérfano de la Segunda Guerra Mundial, fue acogido en una institución belga que, tras la Liberación, lo envió a Israel. Cuando el niño contó lo que le había sucedido a sus compañeros de escuela o a sus camaradas del ejército, lo llamaron *soap* («jabón»), en referencia al rumor de que los nazis fabricaban jabón con la grasa de los deportados. Obligado a callar para no ser despreciado por sus amigos, Schaul estudió aplicadamente medicina y llegó a ser profesor de neuropediatría en Tel Aviv.

Los jóvenes judíos nacidos en Palestina antes de 1948 o en Israel después de la guerra de independencia[4] estaban orgullosos de sus victorias militares. Lucharon primero contra los ejércitos árabes pronazis[5] que combatieron a las órdenes de Rommel desde 1941 y fueron mantenidos a raya en Bir Hakeim en 1942. Conquistaron territorios en 1949 después de que los ejércitos árabes invadieran el Estado de Israel, recién creado en 1948. Esos orgullosos Sabrah habían oído hablar del tópico de que los judíos europeos se habían dejado llevar al matadero como corderos. Como desconocían su lucha, los despreciaban.

No fue hasta finales de 1961 cuando el proceso de Eichmann «atrajo por primera vez la atención de la opinión internacional sobre la Shoah».[6] Ese proceso, que hizo público el asesinato de casi seis millones de personas gracias a una perfecta administración y a una industria eficiente, cambió la opinión israelí. Los compañeros de Schaul piensan hoy que la «subida» a Israel convirtió a esos corderos europeos en soldados victoriosos: «Mitología tranquilizadora... nos insuflaban heroísmo».[7]

Mi amigo Henri Parens, expulsado de Bélgica por la administración militar, fue encerrado con su madre en el «centro de reagrupación familiar» de Rivesaltes, cerca de Perpiñán. Tenía once años cuando logró escapar. Cogió el tren que le llevó a Saint-Raphaël, donde su madre le proporcionó la dirección de una casa de la OSE[8] que le envió a Estados Unidos. La familia que lo acogió calurosamente se limitó a indicarle la dirección de la sinagoga por si quería ir.[9] Excelente músico, se pagó los estudios de medicina y llegó a ser profesor de psiquiatría en Filadelfia. La cripta de Henri apenas existe, porque su nuevo contexto familiar y cultural le dejó tomar la palabra.

En Schaul, la cripta duró algunos años, mientras le estuvieron llamando «jabón» para indicar que pertenecía al grupo de los vencidos. Pero en cuanto cambió la cultura israelí, en cuanto Schaul se vio envuelto en relatos colectivos que contaban la necesidad de solidarizarse para hacer frente a los países árabes, los estudiantes, los soldados y los medios de comunicación le devolvieron la palabra.

En mi contexto familiar de posguerra, todo el mundo estaba herido. La menor alusión a la persecución hacía cambiar el rumbo de las discusiones. En la cultura que me rodeaba no se oían más que relatos de resistencia, de valor y de astucia.

Ni una queja. Sin embargo, hablar de lo que me había sucedido me hubiera ayudado a comprender, a dar coherencia a esa realidad caótica, a no sentirme ya un monstruo, expulsado de la condición humana. Silenciar esos años de muerte y de fracturas repetidas era «encontrarse solo, dominado por el acontecimiento».[10]

La historia se ilumina a la luz del presente

Cuando hoy me invitan a hablar, me sorprende la dificultad de mis oyentes para seguir mis historias:

—¿Así que Margot se casó con un colaboracionista?

—No, al contrario, se casó con un resistente.

—¿La que te crió fue Margot?

—No, fue Dora.

—¿Te escapaste de Auschwitz a los cinco años?

—No, estaba en Burdeos a los seis años y medio.

Incluso los amigos con buena disposición se pierden en la cadena de acontecimientos y en el papel de los adultos. Confunden a los salvadores con los agresores, los lugares y las fechas. La realidad de la guerra es tan incoherente que constituye para ellos una realidad confusa.

A mí me costó mucho ser claro. Confundía las fechas y los lugares. Creía que Pondaurat estaba cerca de Aviñón. Creía que me habían detenido a los dos años y medio; pero un día, al ver a mi hija de esa misma edad llorar llamando a su madre, comprendí que era imposible. Solo al leer un archivo que me envió[11] Michel Slitinsky pude calcular que, cuando se produjo la redada del 10 de enero de 1944, tenía seis años y medio. Tuve que leer textos y escuchar relatos de otras personas para dar coherencia a la representación de mi pasado.

La historia se ilumina a la luz del presente, y el presente a su vez es estructurado por su contexto. Los relatos circundantes constituyen un marco de creencias, de recuerdos y de comportamientos que pueden evolucionar según las relaciones. La clave del pasado es el presente. Y lo que estructura el presente es nuestra relación.[12]

La guerra es la guerra, me dirán. Y yo responderé que lo que atribuye una connotación afectiva a los recuerdos es su significado. Los soldados muertos durante la guerra de los Seis Días[13] fueron santificados por sus familias porque su muerte significaba: «Gracias a ti, hemos rechazado la invasión de los ejércitos árabes que querían destruir Israel. Tú has muerto para que vivamos».

Esta conversión en héroes no fue posible en la guerra del Líbano de 1982, y menos aún en los bombardeos posteriores. La muerte de los soldados provocó un luto doloroso y no un éxtasis casi místico: «Su muerte es estúpida, no tiene sentido morir así, habría habido que negociar». En semejante contexto, la muerte de los jóvenes ya no es un acto heroico, es un accidente lamentable.

«Los hijos de supervivientes nacidos en América del Norte, del Sur o en Israel, es decir, lejos de los lugares estigmatizados por la Shoah, nunca tuvieron que hacer frente a las mismas crisis identitarias que algunos hijos de "supervivientes" en Francia, privados de toda referencia comunitaria e identitaria. [...] Los jóvenes franceses parecen estar mucho más perturbados que los jóvenes norteamericanos cuyos padres no se vieron obligados a disimular sus orígenes judíos.»[14]

Los niños que crecieron en Estados Unidos, en Gran Bretaña o en América del Sur oían hablar de problemas «que se pueden pensar», mientras que los niños franceses oían el silencio, la palabra contenida que interpretaban como «prohibido pensar».[15] La connotación afectiva de la Shoah dependía de los relatos del entorno: la misma fractura, tremenda y glorificada en Estados Unidos, se tornaba opresiva y vergonzosa en Francia.

Nadie hablaba de ella. Ni siquiera los psicoanalistas, acostumbrados a oír relatos excepcionales, proponían ninguna reflexión sobre ese tema, como si sus pacientes nunca hubieran hablado de ello o como si los psicoanalistas nunca les hubieran oído. Los mudos hablan a los sordos, incluso en el diván.

Por suerte, yo disponía de un mosaico de identificaciones. Estaba rodeado de figuras de apego que componían una obra de colores y materiales diferentes. Cada una de ellas me proporcionaba un trozo de modelo. Dora me aportaba una vaga idea de familia; era la hermana de mi madre, sabía cosas y algún día me las contaría. Jacquot había sido un héroe de la Resistencia. En mi mente se relacionaba con mi padre, herido en Soissons en la Legión Extranjera. Émile representaba el futuro: «Cuando sea mayor, seré científico, jugador de rugby y viajero».

Quería a Dora por su proximidad afectiva y su alegría, a pesar de las discusiones cada vez más frecuentes. Quería a Émile por lo que representaba su imagen y su experiencia. El sustituto familiar funcionaba bien.

El jazz y la Resistencia

Por aquel entonces vivíamos en la rue Ordener. ¿Vivía Émile con nosotros? Estaba allí muy a menudo, presidiendo la mesa. No realizábamos actividades en familia fuera de casa: ni salidas, ni vacaciones, ni cine, ni trabajo, ni amigos ni familias en común. En aquella época, entre los diez y los doce años, no era consciente de ello, ya que estaba ávido del afecto que me daban.

Conocí a Émile cuando Dora me recogió después de la Liberación, en 1946. Entonces vivía en Lyon, en la rue Jacquard, en un apartamento sin muebles del pequeño laboratorio que dirigía. Oía que decían: «¡Tan joven y ya es director de investigaciones! ¡Entró en Centrale tan pronto!». No sabía qué significaban esas frases, pero percibía admiración en ellas y me sentía feliz.

Émile ponía con frecuencia en el tocadiscos un gran disco de jazz que se llamaba ragtime. Así que me aficioné al jazz. Una noche fuimos a bailar a la place Bellecour. Después de la guerra, la gente bailaba mucho en la calle, en las plazas de los pueblos o cercando las calles con tablas y sillas. Formábamos un círculo en torno a los bailarines y a los pocos músicos y les acompañábamos batiendo palmas. Era un gran momento.

Cuando las mujeres giraban, las faldas se alzaban, casi todas llevaban unos sombreritos que llamaban «bibis». Émile también bailaba muy bien. Sus gestos eran ágiles y rápidos, como exige el jazz, pero sobre todo se divertía moviendo las manos: apuntaba al cielo con el índice y marcaba el ritmo. Todo el mundo aplaudía. Yo estaba entusiasmado.

Durante la guerra el jazz había adquirido una connotación de resistencia, se utilizaba como escarnio de las detenciones efectuadas. Puesto que los judíos tenían la obligación de coserse en el pecho una estrella amarilla que les identificaba ante la gente y ante la policía, había personas no judías que decidieron llevar también una estrella. Sin embargo, en lugar de escribir la palabra «judío» en su interior, escribían «papú», «budista», «auvernés» o «swing». Muchos de esos jóvenes no sabían que esta palabra suponía una condena a muerte. Simplemente se divertían burlándose de lo prohibido: «El próximo domingo nos divertiremos; los que no somos judíos también llevaremos la estrella».[16] Había personas que, asqueadas por las medidas contra los judíos, llevaban la estrella de David como se lleva una pancarta en una manifestación. No era raro ver a cristianos inclinándose o quitándose el sombrero para saludar a una familia judía que se paseaba dando muestras de una dignidad afectada.

Los swingers eran los más numerosos, hasta el punto de que el mero hecho de vestirse como zazú, con ropas holgadas y zapatos bicolor, se convertía en una muestra de simpatía hacia los judíos, lo que provocaba la intervención de la policía: «Pasé la noche en los sótanos de la jefatura de policía, en una celda con barrotes, como un criminal —decía Michel Reyssat—, condenado por "exhibición ilegal de estrella amarilla"».[17]

«Una Francia swing en una Europa zazú»; esta frase equivalía para mí a un acto de resistencia. De modo que cuando veía a Émile bailar el swing en la place Bellecour levantando el índice le admiraba como se merecen los héroes.

Me pregunto por qué todas las dictaduras han considerado el arte y la psicología actividades sospechosas. Élida Romano, psicóloga en Buenos Aires, cuenta que la policía irrumpía a menudo en las consultas para apoderarse de las fichas de las citas con objeto de descubrir a los pacientes que se consideraban cómplices. Romano tuvo que huir junto con su marido, que era músico, y por tanto forzosamente revolucionario.

En Rumanía «se llevaban a cabo controles en las escuelas, y hasta auténticas redadas, para identificar a los chicos que llevaban el cabello demasiado largo o a las chicas con faldas demasiado cortas».[18]

La primera vez que fui a Bucarest, me encantó la afectuosa acogida que dispensaban los rumanos a los franceses. En las bibliotecas y en las escuelas se leía mucho a Émile Zola, André Gide y André Stil porque, según decían, esos autores describían la descomposición de la sociedad capitalista.

Hacíamos cola para ir al teatro y ver excelentes obras. Antes de los tres golpes de bastón que anunciaban el comienzo de la función, aparecieron en el escenario dos chicos y una chica bailando swing al ritmo de una música de jazz. Me recordó momentos felices. Algunos espectadores comenzaron a chasquear los dedos y a marcar el ritmo moviendo la cabeza. De pronto los tres jóvenes se dieron la vuelta: cada uno llevaba a la espalda una pancarta en la que podía leerse: «Soy… un asno». La sala estalló en risas. La gente corriente, sometida a la dictadura, aplaudió, humillando así a los que empezaban a seguir el compás de la música. Cuando en Rumanía se marcaba el ritmo del swing, el conformismo formaba parte de la dictadura.

El afecto o la ideología

En ocasiones, Dora me contaba en breves frases algunos sucesos sobre la guerra. Un día, cuando vivía en Lyon con Émile, esperaba a Jacquot que ya estaba en las FTP. Los golpes que sonaron en la puerta no eran los de su hermano. Émile abrió y se encontró frente a dos inspectores de la Gestapo, que le dieron un empujón y entraron en la casa: «Venimos a detener a la judía Dora Smulewicz».[19] Émile les llevó lejos de Dora y murmuró algunas frases sin duda importantes. Los inspectores le sermonearon diciendo que no estaba bien proteger a una judía. Émile les rogó que esperaran dos minutos y corrió a las escaleras por donde subía Jacquot, haciéndole señas para que se alejara. Por tanto, Émile había salvado a Dora y a Jacquot, y sin embargo quedaban algunas sombras.

Acababa de entrar en el liceo cuando Dora me dijo esas dos o tres frases. Émile estaba a menudo allí, pero no logro acordarme de si vivía con nosotros. De lo que sí me acuerdo es de que a finales de aquel año feliz Dora me anunció que se separaban…

Me quedé absolutamente paralizado. Dora me dijo que podría seguir viéndole, ya que se había comprado un estudio en la rue Vanneau, cerca de su laboratorio. Fui a verle algunas veces, aunque no teníamos mucho de que hablar. Yo temía herirle si le comentaba algo sobre la nueva pareja de Dora, un hombre amable, un comerciante que solo hablaba de deportes, sobre todo de ciclismo. Me callé, como de costumbre.

Émile trabajaba cada vez más. Se levantaba tarde, vertía agua caliente del grifo en una taza de café en polvo, acudía al laboratorio sobre las diez y trabajaba todo el día hasta las diez de la noche; luego se dirigía a un pequeño restaurante donde comía un solo plato antes de que cerraran. ¿De qué quieren que hablásemos?

El vínculo se había aflojado, si bien en la imaginación seguía presente. En mis relatos mudos seguía explicándole los hechos que marcaban mi nueva vida, pero él no sabía nada de esto porque yo me callaba.

Le llamaba por teléfono de vez en cuando. Un día la secretaria no quiso pasarle mi llamada. Tras varios intentos, finalmente me dijo que estaba hospitalizado en La Pitié, en el departamento de neurocirugía. Por aquel entonces, yo estaba ya en segundo de medicina. Iba a verlo todas las mañanas. Tenía afasia y hablaba cada vez menos, pero cuando consiguió farfullar a la enfermera «Soy su tutor», Émile me hizo su último regalo.

Una mañana, cuando llegué, la cama estaba vacía y el colchón plegado. Nadie me avisó, yo no era de la familia.

La ceremonia se celebró en la iglesia de Saint-Philippe-du-Roule. Junto al ataúd había personas que no conocía, probablemente su familia. También había un hombre de buen aspecto con un adolescente rubio que lloraba. Supe que se trataba de Svoboda, el ingeniero checo, y que el adolescente que lloraba era el ahijado de Émile. Me quedé en la puerta de la iglesia. No hablamos.

Me marché. Solo. Faltaban unas semanas para los exámenes del segundo año de medicina. Desde que visitaba a Émile todas las mañanas había dejado de ir a clase. Me sentaba junto a su cama, él afásico y yo mudo. Aquella despedida era muy importante para mí, pues no había podido decirles «adiós» a mis padres. Ya no iba a la facultad, no abría un libro, me suspendieron a final de curso. No habría podido soportar ser feliz después de su muerte.

Unos años después me nombraron interno en ese mismo servicio de neurocirugía. En el momento de repartir las camas de las que debíamos encargarnos, un joven externo se negó a ir a la sala Berger porque su padre había muerto allí. Me ofrecí a encargarme de esa sala diciéndome que era una manera de seguir visitando un poco a Émile. El hecho es menos importante que el recuerdo que permanece en la memoria: para el joven externo era la muerte de su padre, para mí era un último adiós al que no podía faltar.

Hace unos años, cuando Dora tenía ya más de noventa, hablamos por fin de nuestra infancia. Me gustó que me describiera los ríos helados de Polonia, las fiestas en el pueblo, el peligro del deshielo, la rivalidad cariñosa entre las hermanas y las clases de hebreo que la aburrían. Me gustó que me contara que el Tío Stern, como le llamaba, dijera que Francia era el país de la felicidad. Me gustó que evocara la vida cotidiana antes de la guerra en Belleville, donde la calle era el lugar de los encuentros, de los juegos y de la socialización.

Entonces le expliqué a Dora la importancia del papel que había desempeñado Émile en mi infancia. Pese a su escasa presencia, me había sentido muy identificado con él. Me convertí en médico porque Dora me había dicho que tal era el deseo de mi madre y también pensé que era suficientemente científico para estar a la altura de Émile. Jugué al rugby para poder hablar con él… dos o tres veces.

«Y además —añadí—, durante la guerra también fue un héroe. Os salvó la vida, a ti y a Jacquot.» «Tras la Liberación —respondió Dora— los dos inspectores fueron detenidos por haber conducido a la muerte a muchos ciudadanos de Lyon. Émile fue llamado a testificar y acudió volando a ayudarles, declarando que los dos miembros de la Gestapo habían salvado a dos judíos. No fueron condenados. Émile decía que lo había hecho "por caridad cristiana".» Dora añadió: «Leía *Gringoire*[20] y vivía en un ambiente antisemita. Es lo que les contó a los de la Gestapo cuando les pidió que no me detuvieran».

Por la noche, al volver a casa, no pude mirar su fotografía enmarcada en la escalera. Tampoco pude descolgarla. Para borrar esa sombra necesito comprender.

Perderse en la utopía

Madame Descoubès, la enfermera que me había ayudado a escapar, me explicó que, poco antes de la liberación de Burdeos, recibió una citación para acudir a la prefectura. Sus amigos le decían: «No vayas. Huye». Es difícil dejar a tu familia y tu casa en plena guerra. Cuando llegó a la prefectura, Maurice Papon[21] la recibió con toda amabilidad. Se puso en pie, dio la vuelta a la mesa y estrechó la mano de la joven diciéndole: «Sabemos lo que ha hecho. La felicito». Estoy seguro de que era sincero cuando admiraba a esa enfermera, como debía de haberlo sido cuando participaba como alto funcionario en el «Comisariado de Asuntos Judíos», que mandó detener y deportar a más de mil seiscientas personas, entre ellas más de un centenar de niños.[22]

Por supuesto, soplaban otros vientos y, presintiendo el hundimiento de Alemania, muchos altos funcionarios preparaban su reconversión.[23] ¿Cómo se puede entender que un hombre se codee con Gaston Cusin, Jacques Soustelle y otros resistentes auténticos y el mismo día firme el acta de detención de miles de personas inocentes? Después de haber realizado su mortífero trabajo, ¿cómo pudo felicitar a la joven enfermera que se oponía a sus decisiones?

Cuando nos sometemos a una representación, hasta el punto de aislarla de toda percepción real, realizamos una abstracción utópica. Cuando soñamos con vivir en un no-lugar, una ciudad ideal donde las almas serían perfectas, experimentamos una sensación de euforia y de omnipotencia beatífica. Esta idealización es diferente al refugio en la ensoñación[24] donde se sufre menos cuando se huye de una realidad insoportable. Yo me refugiaba en la ensoñación cuando, de niño, huía de la sociedad perseguidora para aislarme en un sótano luminoso, afectuosamente protegido por mis amigos los animales.

Por el contrario, un utopista imagina: «Sería maravilloso vivir juntos en una ciudad pura y justa en la que el mal estaría erradicado. Nuestras relaciones serían angelicales. Seríamos transparentes porque, al ser todos iguales, sin diferencias, sin extraños, no tendríamos nada que ocultar, pensaríamos como una sola alma». En Utopía, cualquier manifestación íntima es una falta de solidaridad. El que tiene secretos es un destructor de sueños, incluso un criminal, pues sin duda oculta una transgresión. No es de los nuestros, nos destruye. ¡Muerte al extranjero, al negro, al judío, al loco, al sidoso, al otro, al diferente que no piensa como nosotros! Puesto que nosotros pensamos el bien, la sociedad perfecta, la igualdad de las almas y la pureza, los otros diferentes nos manchan y destruyen nuestra utopía al no recitar nuestras plegarias ni nuestros eslóganes.

Así funcionan las sociedades totalitarias en las que cualquier intento de aventura personal, como el arte o la psicología, es considerado una blasfemia contra el que ha concebido la ciudad ideal. El relato utópico es un enunciado de recetas de felicidad, a las que se oponen la novela enfebrecida o la autobiografía obscena que revelan problemas personales. Lo privado no existe en Utopía porque, en nombre de la moral, hay que eliminar, torturar o reeducar a todos los que, por su diferencia, son unos blasfemos.

El discurso de los niños es tan asertivo como una utopía. El matiz llega con la edad. Cuantos menos conocimientos se tienen, más son las certezas. En Utopía hay una sola representación del mundo, la del jefe venerado que programa nuestra dicha, un futuro radiante y mil años de felicidad. Así hablan las sectas. Adoramos al Estado y nos sometemos, felices, al que todo lo sabe. A cambio, él nos libera de nuestra responsabilidad, lo que nos protege de la culpabilidad y de la vergüenza. El hecho de ser todos iguales, normales, llevando la misma máscara y recitando los mismos eslóganes, nos proporciona un delicioso sentimiento de pertenencia. Entonces podemos destruir tranquilamente al otro, al diferente. En un mundo sin otro como el de los perversos, la culpabilidad no existe. Uno no es culpable de pisar a un insecto o de aplastar a una víbora.

En una relación personal entre dos o tres personas solamente, cuando uno sufre una indisposición, es muy probable que sea atendido;[25] pero en una relación anónima, entre una multitud o una masa colectiva, es casi moral abandonar al que impide avanzar. En los libros escolares de la época nazi, los niños tenían que resolver el siguiente problema: sabiendo que la atención a un débil mental, cuya vida no tiene valor, cuesta lo mismo que tres viviendas para tres parejas de jóvenes, ¿qué decisión hay que tomar?

Los niños, indignados, deciden abandonar al débil, al inútil, al malvado que causa la desgracia porque impide que tres parejas modélicas alcancen la felicidad; lo que fue una «incitación al odio y al exterminio es la traducción de una promesa estatal de dicha y de igualdad social».[26] De modo que en nombre de la humanidad pudieron cometerse todos los crímenes contra la humanidad.

Nos extraña que niños perseguidos pudieran apegarse a adultos partidarios de la persecución. Esos adultos en cierto modo estaban escindidos: una parte de su personalidad se apegaba al niño real al que cuidaban con todo afecto, y otra parte se sometía a una representación utópica que nada tenía que ver con este. En cuanto al niño, se apegaba a un adulto con el que compartía la vida cotidiana, ignorando por completo su utopía. ¿Cómo no se va a tejer un vínculo entre dos personas que viven una relación real, aunque su utopía les aísle de esa realidad?

La utopía criminal se expresaba a menudo a través de una actitud, un gesto o una frase que salía del alma del utopista: «No tenemos nada para comer porque los judíos han provocado la guerra para ganar aún más dinero», decía ese buen campesino que cuidaba con ternura a la niña judía que escondía.[27] Un minúsculo indicio, una frase inesperada no le impiden al niño judío apegarse al buen abuelo antisemita.[28]

Los padres son ante todo envolturas afectivas. Hay que esperar unos años para que el niño sea capaz de representarse las representaciones del adulto que le cuida. En primer lugar, entra en contacto con él. Más tarde, accede a su mundo mental. Un niño llama «papá» a esa manera afectiva de ser un hombre. Tardará bastante en descubrir que papá se llama Pol Pot o Stalin o Himmler. «Papá quería que me aplicara en la escuela», decía Mea Sith, la hija de Pol Pot, que años más tarde sabría que fue su padre el que hizo cerrar su escuela y deportar a los maestros. El doctor Mengele, que torturó en Auschwitz a un gran número de niños, sobre todo niñas, era un adorable padre de familia, «como quería el Führer».

Cuando la identificación produce felicidad, es doloroso destruir la imagen de aquel para el que uno se construye. La sobrina de Stalin, Kira Allilouieva, a los ochenta y siete años seguía queriendo con toda el alma al tío adorado que había destruido a su familia y la había arrojado a la cárcel: «Cuando era niña, viví una época maravillosa y luego de pronto todo [...] se fue al traste. Pasé bruscamente del sueño a la pesadilla [...], no teníamos ni idea de lo que ocurría fuera»,[29] decía, y seguía queriéndole.

Alexandra Mussolini adoraba a su abuelo Benito el fascista que, en la vida diaria, era un hombre encantador y alegre. «Su único error fue hacer la guerra al lado de Alemania.»[30] Es un relato del entorno, familiar o cultural, el que descubre al niño que el padre social era diferente al padre afectivo que había conocido.

Cuando el niño descubre a ese otro padre, su reacción afectiva revela la estructura del vínculo. Si el vínculo anterior no estaba bien tejido, la revelación explica la alteración: «Ahora sé por qué no le quería». Cuando la hija de Castro descubrió, a los doce años, que ese «malvado señor de la casa» era su padre, se opuso al régimen dictatorial como se había opuesto al hombre, su padre. Cuando el pequeño Niklas Frank se enteró de que su padre había quemado con el lanzallamas a los cincuenta mil supervivientes del gueto de Varsovia, creyó comprender la razón del odio de su madre. Cuando el niño ya es capaz de entender los relatos circundantes, la carga afectiva que atribuye a lo que le cuentan depende de la calidad del vínculo que había tejido antes.

En Argentina, en la época de la dictadura militar (1976-1983), muchos torturadores adoptaron a los niños a cuyos padres habían matado. Les dieron otro nombre, y criaron muy bien a esos niños, que establecieron con ellos un profundo vínculo de apego.

Victoria tenía veintisiete años cuando, gracias a una denuncia presentada por las abuelas de la Plaza de Mayo, se enteró de que no era la hija natural de Graciela y Raúl. No había nacido en Buenos Aires, como creía, sino en la Escuela de Mecánica de la Armada, transformada en centro de tortura. Su madre, María Hilda Pérez, fue torturada hasta la muerte y fue un oficial del centro de detención el que recogió el bebé. Para Victoria fue un choque: «Me mintieron. Fui traicionada».[31] Algunos niños encuentran de pronto una explicación al apego distante que sentían: «Mis padres representaban una comedia, fingían amarme». Algunos niños prefirieron romper: «He amado a unos monstruos, no quiero seguir amándoles». La reacción más frecuente era la negación de la revelación: «No os creo. Son mis verdaderos padres. Jamás habrían hecho una cosa así. Os odio por haberme revelado esa mentira».

No es una situación rara. En el siglo XV, la infantería otomana estaba compuesta por los jenízaros. Los soldados eran niños cristianos (búlgaros, rusos, armenios), que habían sido robados a sus padres y educados en la religión musulmana para convertirlos en guerreros. Se habían apegado a sus padres-entrenadores que, hasta el siglo XIX, les enviaban en ocasiones a combatir contra sus propios padres naturales. Esos combatientes amaban a sus educadores turcos que los habían convertido en soldados, adiestradores de perros e incluso a veces en altos funcionarios.

Se cree que, durante la guerra civil española, doscientos cincuenta mil bebés fueron arrebatados a sus padres republicanos para ser entregados a familias franquistas.[32] Esos niños educados en los principios burgueses se apegaron a sus padres educadores. Imagino que hoy no son comunistas.

Compartir una creencia

Incluso cuando una creencia no tiene relación alguna con la realidad, desempeña un papel importante en el tejido del vínculo. Compartir una creencia es hacer una declaración de amor y elaborar un sentimiento de familiaridad. Al creer en un mismo dios o en un mismo filósofo, nos sentimos seguros juntos, concertamos citas regulares para practicar nuestros ritos religiosos o laicos y organizamos actos que favorecen las relaciones entre jóvenes casaderos, utilizando la pulsión sexual para establecer relaciones sociales. Organizamos comidas y fiestas musicales en las que los relatos de nuestros mayores atribuyen un sentido a los hechos que marcan nuestra existencia: nacimientos, bautizos, bodas, funerales y conmemoraciones.

La representación de uno mismo en un grupo de pertenencia nos inscribe en una filiación: «Soy la mujer de Jean, el hijo del panadero. Somos cristianos, por tanto gente de bien». Los rituales recuerdan la historia del grupo, forman parte de la identidad colectiva y, en caso de que sobrevenga una desgracia, organizan una red de apoyo afectivo y social. Creer no significa nada: lo que nos proporciona seguridad y nos identifica es el vínculo del grupo.

Los contenidos de la creencia también son diferentes. Los jenízaros, los bebés robados en España o recuperados en Argentina nos demuestran que se cambia de creencia cuando se cambia de medio, «las cosas ya no se ven como antes». De modo que se puede aceptar morir por una causa que se habría combatido si nuestras relaciones nos hubieran hecho vivir en otro medio.

Yo compartí con Émile creencias maravillosas: el amor a las aventuras intelectuales, a las relaciones humanas y a las alegrías que proporciona el deporte. No compartí ninguna de las representaciones que ocultaba y que sin embargo transmitían una sombra, el silencio de sus orígenes, de su familia, de su pasado. Preferí interesarme en problemas accesibles y agradables. Yo estaba dotado para la negación.

La creencia que aportaba más seguridad, la más hermosa y la más dinámica me la proporcionó Jacquot: ¡el comunismo! Esta idea no solo era un sueño maravilloso, generoso y moral, sino que además estructuraba el tiempo, las relaciones y los proyectos de vida.

Jacquot era para mí un héroe de la Resistencia. Me llevaba consigo a menudo a las reuniones del partido, donde oía a jóvenes agradables enardecerse hablando de igualdad, de libertad, de teatro, de lecturas y de deportes al aire libre.

¿Cómo no dejarme seducir? Gracias a ellos, el mundo se volvía hermoso. Los «progresistas», como se llamaban a sí mismos, traerían el progreso (cosa obvia, ya que eran progresistas), mientras que los reaccionarios se oponían al bienestar del pueblo defendiendo sus posesiones, fuente de todo mal. Necesitaba una visión clara del mundo: la tenía. Era la continuación de la imagen que tenía grabada en la memoria, adquirida durante la guerra, cuando la sociedad estaba dividida en los buenos que me salvaban la vida y los malos que deseaban mi muerte.

Mi adhesión a esta creencia cautivó mi adolescencia y sirvió de guía para un nuevo desarrollo. Me beneficiaba del efecto tranquilizador y fortalecedor que proporciona la certeza. Podía intentar una reconstrucción.

Desgraciadamente, ya desde muy joven me atraía la duda que ofrece el placer de no someterse al discurso común, pero que a la vez priva del placer de someterse al discurso común. Pensar por uno mismo es una gran satisfacción. Qué pena que este esfuerzo nos prive de la alegría de sentirse apoyado por un mito susceptible de ser compartido. Nos sentimos mal cuando tenemos que elegir entre la felicidad en la servidumbre que nos da seguridad y el placer de seguir un camino personal que nos aísla.

Debía de tener once años cuando le regalé a Dora, por su cumpleaños, un libro de Georges Duhamel del que nos había hablado un profesor del liceo.[33] ¡Qué idea! Yo creía que los libros contenían tesoros de felicidad y quería regalarle una parte a Dora.

Se inclinó hacia mí para darme las gracias amablemente y explicarme que no debía regalarle libros, no valía la pena. Recuerdo mi decepción. Durante la guerra, tuve que ocultar un fantasma en el alma. Podía hablar de todo con libertad siempre que silenciara mi ignorada condición de judío. En aquella época, la sociedad se dividía en salvadores y asesinos. Tuve que aprender a mantener relaciones diferentes con cada uno de ellos: calurosas con los salvadores, vigilantes y frías con los asesinos. Después de la guerra, el fervor comunista mantuvo la oposición entre los progresistas que deseaban el bien y los reaccionarios partidarios del mal. Cuando Dora me pidió que no le regalara más libros, me estaba animando sin querer a mantener con ella una relación más sencilla, que pudiera ser compartida, y ese otro tipo de relación, más intelectual, podía establecerla en otros ámbitos para no molestarla. La estructura de ese medio estructuró mi alma.

Dora empezaba a trabajar en mercadillos junto con su marido y le gustaba hablar de moda y de ropa. Con ellos aprendí a palpar la calidad de un tejido, a tomar medidas para un pantalón, a levantarme temprano por la mañana, a montar un tenderete, a controlar la mercancía expuesta y a tomar un bocado con los vendedores vecinos.

Al mismo tiempo, leía *L'Humanité*, *L'Avant-Garde* y *Vaillant*, el semanario más fascinante, sin comentarlo nunca con Dora. Por la noche, bajo las sábanas y a la luz de una linterna, devoraba las obras de Émile Zola y Jules Vallès, que reforzaban mi visión demasiado clara del mundo. Se estaba abriendo entre nosotros una brecha intelectual. No fue hasta hace muy poco, unos años antes de su muerte, cuando Dora, una vez alcanzada la edad en que puede decirse todo, me confesó con delicadeza: «Nos ofendías con tus libros». Comprendí que, sin querer, le había producido el mismo efecto que Émile: se callaba cuando se relacionaba con los científicos; en cambio, se afirmaba en compañía de sus amigos bailarines o vendedores.

No sabía hablarle del liceo, donde me lo pasaba bien, de las traducciones latinas que requerían tener siempre a mano el grueso diccionario Gaffiot, del rugby que empezaba a practicar para identificarme con Émile, y de la UJRF,[34] a la que me había afiliado para seguir los pasos de Jacquot. El apego se tejía, desde luego, pero privado de toda una parte de nuestras representaciones. No sabíamos explicarnos las historias de nuestras vidas; ni una palabra sobre la guerra que habíamos vivido por separado, ni tampoco sobre nuestros orígenes comunes. Dora tenía vagas noticias acerca de lo que me había ocurrido, yo lo ignoraba todo de su infancia en Polonia y de su familia, que también era la mía. Una curiosa forma de comunicación se establecía entre nosotros, afectuosa pero turbada por el murmullo de nuestros fantasmas. A veces nos encontrábamos con los restos desperdigados de una familia parisina. Dora decía que sus desaparecidos seguían atormentándola. Yo nada podía decir de mis padres, de los que apenas conservaba dos o tres imágenes en mi mundo sin palabras. Me esforzaba por no hablar nunca de Margot para no herir a Dora.

Guardar silencio en tiempos de guerra me había salvado la vida, pero un discurso deformado en tiempos de paz alteraba nuestro afecto. Algunas veces veíamos a una tía lejana, que no lograba situar en mi estructura familiar destruida. Me miraba un instante y decía alejándose: «Scheine Ynk».[35] Un día dijo que el mero hecho de verme le recordaba la guerra y los desaparecidos de la familia. Yo era el hijo de los muertos.

El único discurso que podía compartir era el de los niños viejos. Cuando, a los once años, le explicaba a Dora que el marxismo era preferible al capitalismo, se iba, la aburría.

Ella prefería las declaraciones de afecto: «En cuanto supe que estabas vivo, quise encontrarte. Quería mucho a tu madre». Me gustaba que quisiera a mi madre, pero en esa declaración de afecto entendía que me había creído muerto antes de encontrarme. Dora estaba allí, con su enorme hambre de felicidad, y yo, en lugar de comportarme como el hijo de su hermana, razonaba como un niño viejo. No brincaba, hablaba de marxismo. Era un peso para ella, y sin embargo a su lado encontré la estabilidad afectiva que me permitió reconstruirme poco a poco. Me la dio ella, pero no es lo que ella esperaba.

La madurez precoz no es un signo de buen desarrollo; más bien es una prueba de seriedad anormal en un niño. Los adultos se equivocan cuando creen que el niño ha madurado muy pronto. No es la experiencia, es una pérdida de vitalidad. Bajo el efecto del trauma, los niños se apagan y los adultos admiran su «madurez». Creerán que es un contrasentido. El niño abatido no juega y trata de dar una forma verbal a su abatimiento. Observé ese mismo fenómeno en la República Democrática del Congo con los niños soldados. Eran educados, anormalmente amables, permanecían sentados durante horas discutiendo con nosotros sobre la sociedad o sobre Dios, no sobre su guerra, por supuesto, que habría evocado heridas abiertas aún o crímenes recientes. Algunos niños viejos, entre diez y doce años, de mejillas hundidas y mirada febril, se preguntaban por qué solo se sentían bien en la iglesia. Querían ser sacerdotes o chóferes de los bonitos coches de las ONG. Únicamente un niño tenía las mejillas redondas, una mirada sonriente y quería ser futbolista. Los otros estaban abrumados por una seriedad precoz que confundimos con la madurez.

«Esos niños se convierten en "politólogos", "filósofos" que afirman sus ideas sobre cosas esenciales.»[36] Esta madurez precoz de los niños afectados por una enfermedad grave, por una desgracia familiar o por una crisis social estimula capacidades intelectuales poco habituales en un niño. Tal actuación es una manifestación de su abatimiento. «Lo que choca es que los niños no mueven los brazos cuando caminan [...], presentan una contracción de las cejas, una especie de tensión que les da aspecto de seriedad.»[37] Cuando una desgracia social desgarra su mundo íntimo, el niño pierde el placer de vivir y se refugia a menudo en un intelectualismo que no corresponde a su edad. En todas las guerras, en todas las catástrofes, son muchos los niños que reaccionan así. Cuando todo se hunde a su alrededor, pierden el placer de jugar a vivir, pero antes de hundirse ellos también en la agonía psíquica, se refugian en algo que todavía les proporciona el placer de vivir: el intelectualismo. Después de la guerra civil española, tras la Segunda Guerra Mundial, los niños que no habían sido protegidos daban muestras de esa madurez enfermiza.[38] Como ya no juegan a explorar la vida, se ven obligados a descifrar el mundo para no morir del todo.

En ese letargo psíquico persisten brasas de resiliencia sobre las que el medio puede soplar para reavivar la llama: comprender y soñar.

Cuando la existencia es dolorosa, cuando el contexto es peligroso, mientras la vida psíquica no esté completamente apagada, el intelectualismo todavía es capaz de construir un mundo abstracto que ayude a luchar contra la tristeza. Mientras se intenta comprender, se siente placer. Pero un niño generaliza demasiado deprisa, todavía no ha vivido lo suficiente para conocer el matiz.

Un trauma que aísla a un niño durante mucho tiempo desgasta su alma, el apego se extingue. El caos de los acontecimientos, la falta de una estabilidad afectiva, el desgarro repetido de los sucesivos destinos tienen un efecto anestesiante sobre la afectividad, y eso permite sufrir menos.[39] Mientras el placer de comprender persista, esa brasa de resiliencia espera a alguien que quiera soplar para recuperar el calor de la vida.

La otra brasa está constituida por un frenesí de sueños. Cuando la realidad es descorazonadora y cuesta encontrar el camino, nos refugiamos en una ensoñación diurna excesiva. Cuando la realidad es amarga, nos regalamos sueños de azúcar.

Durante mucho tiempo, creí que el placer del sueño impedía afrontar la realidad. Hoy creo que ese refugio en la ensoñación ofrece un sustituto de identificación. En un medio que no propone un modelo de felicidad, el sueño corrige ese mundo intolerable e inventa una novela que escenifica un ideal que se pretende realizar. Los libros, las películas y las bonitas historias se convierten en los «dueños del sueño»[40] que ofrecen algunas muestras de felicidad.

En los años de la guerra, la indiferencia me había protegido del trauma. Como no tenía a nadie por quien vivir, no temía a la muerte. Los adultos hablaban de mi valor o de la fuerza de mi carácter. En el fondo, yo sabía que mi muerte no haría sufrir a nadie, que mi desaparición no dejaría ningún vacío. La muerte no era importante. Simplemente, le rogaba al dios que me había inventado que me dejara vivir hasta los diez años, para tener tiempo de conocer la vida.

Entonces soñaba y teorizaba. Contaba muchas historias de la guerra en las que representaba la aventura de los otros. No explicaba mi guerra porque no me habrían creído, pero inventaba historias absurdas, exageradas, noveladas que sorprendían a los adultos y les hacían reír y pensar: «Pero ¿de dónde saca todo esto?». Al transformar mi desgracia en historias curiosas o en epopeyas exageradas, conseguía ser aceptado en las relaciones humanas, me socializaba. Sin embargo, cuando pretendía dar testimonio, volvía a encontrarme solo, rechazado, y a veces despreciado.

Esas fabulosas quimeras me hacían tan feliz que pensaba en ellas de día y soñaba con ellas de noche. Esa protección novelesca me proporcionaba una breve compensación, unos pocos momentos de felicidad imaginaria que me ayudaban a soportar una realidad desolada.

Una cultura proletaria

Modelado así por mi historia, ingresé en el liceo Jacques-Decour, magníficamente situado entre los camorristas de Barbès y las prostitutas de Pigalle. La mayoría de los alumnos procedían del norte de París, de la puerta de Clignancourt, de la zona no urbanizada de los indefinidos terrenos de Saint-Ouen y de los «tenebrosos barrios de la Chapelle y sus vías de tren».[41] Ese barrio, duramente bombardeado por nuestros libertadores, era realmente mágico. El circo Medrano a dos pasos del Élysée-Montmartre, adonde íbamos a ver combates de boxeo; Pigalle con sus chicas disfrazadas de golosinas sexuales que nos provocaban cuando pasábamos a su lado; los cabarets y esas imágenes de bailarines acrobáticos fotografiados artísticamente por Harcourt. El Café de la

Poste nos servía de «sala de estudio» cuando nos saltábamos las clases o faltaba un profesor. Nos sentíamos fuertemente atraídos por los liceos femeninos Edgard-Quinet y Jules-Ferry. En aquella época, las clases no eran mixtas y, antes de atrevernos a hablar con una chica, nos aseábamos y peinábamos, esperando que alguna de ellas aceptara charlar con nosotros en los jardines del Sacré-Cœur, donde teníamos instalado nuestro cuartel general.

Cuando entré en el liceo, me sentí feliz. Había un marco, un proyecto, unos compañeros y unos profesores a los que casi siempre apreciábamos. Me sentí fuerte.

Resulta extraño decir «me sentía fuerte». Es paradójico, que no es lo mismo que «contradictorio». Yo era una paradoja, un oxímoron vivo, una alianza de contrarios que se refuerzan oponiéndose. Me había sentido tan pequeño, tan solo, tan monstruo, que lo había compensado refugiándome en el intelectualismo y la ensoñación. Había sido tan débil y tan perseguido que el simple hecho de haber sobrevivido me hacía creer que era más fuerte que la muerte. Había vivido tan anestesiado durante la guerra y, sobre todo, después de la guerra que el simple hecho de sentir que la vida regresaba a mí me proporcionaba el intenso placer de los comienzos y la convicción de ser capaz de soportar todas las heridas. Mi infancia me había dotado de un valor enfermizo. Creía que bastaba con soñar, con decidir y trabajar para hacer realidad mis sueños. El resto no era más que sufrimiento banal.

Un grupo que no sabe definirse no apoya a los miembros de ese grupo.[42] En la época en que entré en el liceo, me sostenían definiciones distintas y opuestas que me reforzaban: Émile me reforzaba por su amabilidad y su amor a la ciencia. Dora me reforzaba por su presencia y afecto, Jacquot me reforzaba por su comunismo generoso. Y el liceo de pobres al que acudía me reforzaba por su barrio sorprendentemente cultivado y sus profesores, que respetábamos.

Entre Pigalle y Barbès, centenares de prostitutas, chulos elegantes y clubes nocturnos tumultuosos convivían con el Trianon Lyrique, justo enfrente del liceo. Los días de fiesta se instalaban casetas en el boulevard Rochechouart, desde donde se oía gritar a un feriante con su altavoz: «¿Con quién quiere pelear?». Siempre había algún parroquiano que levantaba la mano para recibir el guante que indicaba que aceptaba el desafío. A menudo se marchaba con un ojo hinchado y la nariz sangrando, a cambio de unas monedas y un buen recuerdo de la pelea.

En ese barrio popular había al menos veinte cines, a los que acudíamos a ver *La Bataille du rail*, que glorificaba a los ferroviarios, *Les Enfants du paradis* y las películas norteamericanas en las que Orson Welles encarnaba el éxito social, mientras que los cómicos Abbott y Costello solían decepcionarnos cuando los comparábamos con Charlie Chaplin o Laurel y Hardy, a quienes imitábamos continuamente. François Truffaut iba a pie al liceo desde su casa de Pigalle, e imagino que esos cines fueron su primera universidad.

Todo el barrio estaba salpicado de teatros: el teatro Fontaine, en la rue Blanche, y sobre todo el Atelier, subiendo hacia la colina de Montmartre, donde esperábamos cruzarnos con Jean-Louis Barrault.

En aquella época se bailaba mucho. El Moulin Rouge competía con el Moulin de la Galette y la Crémaillère en la place du Tertre. Desde que tenía catorce años, íbamos todos los domingos. Hacíamos una colecta para pagar clases de baile al más osado, Gérard Gauvain, que, a cambio, nos enseñaba gratis lo que le había enseñado la profesora de baile. Recuerdo los intensos tangos en la pequeña cocina de Gilbert Ozun, transformada en salón de baile; ¡las víctimas fueron los muebles!

Paseábamos por las calles intercambiando consideraciones sobre Picasso cuando pasábamos por delante del Bateau-Lavoir, la rue Lepic. Hablábamos de poesía bajando por la rue Saint-Vincent junto al «Lapin à Gilles». Citábamos a Paul Éluard en la rue Ordener, y nos reuníamos a veces en casa de Mathilde Casadesus, más allá de los jardines d'Anvers, cuando nos invitaba su hija Martine.

Estoy convencido de que esa efervescencia artística desempeñó un papel importante en nuestro excelente desarrollo como niños pobres.

En aquellos años de posguerra estábamos muy politizados. La filosofía no nos daba miedo y nos enzarzábamos en discusiones muy por encima de nuestras capacidades. Lo que acabo de escribir es falso: ¡teníamos las capacidades! Me acuerdo de Blumenthal, que, cuando hacíamos sexto, me explicaba que el progreso científico solo aportaba beneficios. Me gustaría saber qué piensa hoy de esto. Me acuerdo de Béranger, siempre en busca de lo bello y lo divertido. Se hizo cantante. Acabo de leer cartas que los niños de la OSE se intercambiaban después de la guerra: «Hay que impedir que vuelvan a matar a los judíos. Para lograrlo, debemos ser fuertes y valientes en el mundo que se abre ante nosotros [...] debemos hacer realidad aquello con lo que sueña el mundo: la igualdad entre los hombres, la libertad de conciencia y la supresión de clases».[43] Así hablaba Charles Lew, de trece años, del hogar Les Glycines.

Edgar Morin, alumno también del Jacques-Decour antes de la guerra, cuando todavía se llamaba liceo Rollin, escribe: «La política irrumpió en nuestra clase de quinto curso en febrero de 1934. Teníamos trece años. [...] Unos se prendieron insignias en el ojal, la hoz y el martillo comunistas... [otros] la flor de lis realista».[44]

Profesores y destinos

Los profesores participaban en esta efervescencia. Sabíamos situarlos en el abanico de las opciones políticas. Me asombra el número de niños en los que dejó su huella Jean Baby, nuestro profesor de historia y miembro asimismo del Comité Central del Partido Comunista. Me pregunto por qué le queríamos tanto. ¿Tal vez por su delgadez, por su distinción natural o por su amable autoridad? Le bastaba hablar, creo que era eso lo que suscitaba el afecto: su manera de hablar. Daba la clase, tranquilamente, y no nos creaba crispación. Se interrumpía de vez en cuando para hacer una pregunta personal a un niño, para saber si estaba bien, si había tenido tiempo de estudiar la lección, recogía un papel, ponía un poco de orden en la mesa revuelta. Recuerdo con placer las charlas personales que me regaló (esa es la palabra: «regaló»). «Tiene usted sentido de la historia —me dijo—. Debería estudiar ciencias políticas, es interesante.» Yo no sabía qué eran las ciencias políticas; me informé y me comentaron que podría ser jefe de estación o ¡jefe de producción en una fábrica de sujetadores! A pesar de mi amor por la historia y mi estima por Baby, preferí soñar con otros proyectos.

«El buen profesor es aquel que marcó nuestro destino»,[45] afirmó Camus que, tras recibir el premio Nobel de Literatura escribió una carta a monsieur Germain: «En primer lugar pensé en mi madre, pero ¿lo habría entendido? No conocí a mi padre, ya lo sabe. Entonces pensé en usted».

Mi monsieur Germain se llamaba Mousel. De entrada, le escuchaba con placer. Nos hablaba de latín y de literatura con una felicidad contagiosa. Nuestras relaciones tuvieron un curioso comienzo. Mi primera «redacción», como se decía entonces, trataba de las relaciones entre hombres y mujeres. Teníamos entre dieciséis y diecisiete años, la edad en que empieza a plantearse esa cuestión. Mousel nos había dicho: «¿Saben que la mujer con la que se casarán ya ha nacido? Está en alguna parte y vivirán juntos. ¿Han pensado en ello?». Yo no lo había pensado, pero las chicas me parecían seres maravillosos: eran bonitas a la vista y agradables de trato. En cuanto a lo demás, ya veríamos más adelante. De modo que hice la redacción sobre unos cuadros que había visto en el Louvre (¿es allí donde se exponía la *Olympia* de Manet?). Comparando los retratos de mujeres bien formadas, de vigorosas lavanderas y de mujeres soldado sacrificadas en las barricadas de todas las revoluciones, evité los estereotipos que edulcoran el problema e impiden pensar en él.

Al devolver los trabajos, Mousel dijo: «No le he puesto nota a su redacción. Si la próxima es buena, le pondré un dieciocho sobre veinte; si es mala, le pondré dos ceros. Es imposible que haya escrito esta redacción usted solo». Creo recordar que sentí una emoción mezcla de orgullo e inquietud: el placer de tener un cero (mi mejor nota) y la inquietud por tener que confirmar ese buen resultado. Fue confirmado.

Me gustaba escuchar a Mousel hablando de literatura o explicándonos en latín la vida cotidiana en Roma. Me gustaba su nostálgica amabilidad, casi dolorida. No supo que seleccionándome para los exámenes de premio extraordinario me hacía un regalo para toda la vida. ¡Alguien reconocía mi valor, alguien corroboraba mis sueños!

En aquella época, el año del «bac», vivía solo en París. Todas las noches invitaba a mis amigos para que trajesen galletas y botellas, que eran toda mi cena. Por la mañana, esperaba a que abriera la bodega de la rue Ordener para llevarle las botellas. Con lo que me pagaban por la devolución de los envases podía comprar un pedazo de pan que mojaba en agua caliente perfumada con un cubito de caldo. Con eso pasaba el día.

La mañana del examen, el boulevard Saint-Michel estaba frío y silencioso. Recuerdo el cansancio de una noche en blanco. Llegué temprano. Entré en el café que hacía esquina entre el boulevard Saint-Germain y el boulevard Saint-Michel, y esperé embargado por una felicidad increíble.

Los candidatos estaban reunidos en el aula de la entrada principal de la Sorbona. Un bedel nos iba llamando por el nombre y subíamos de uno en uno la escalera que conducía al aula de examen, espléndida, con el techo de madera labrada y las paredes cubiertas de cuadros edificantes y pomposos.

Estuve escribiendo durante seis horas. No obtuve ningún premio, pero me habían dado lo más importante.

Al día siguiente, Mousel me dijo: «Era un tema para usted: "Comparar Balzac y Dostoievski"». Aceptaba todo lo que me dijera, pero me sorprendió entender que para él yo vivía en Francia con Balzac a la vez que me remitía a mis orígenes rusos con Dostoievski. Nunca me había visto a mí mismo más que como francés y descubría que los demás podían considerarme no del todo francés. Ahora entendía por qué mis compañeros de clase, antes de un partido de fútbol Francia-Unión Soviética, me habían preguntado: «¿Tú con quién vas? ¿Con Francia o con la Unión Soviética?». No sabía nada de ese país, ni de mis raíces rusas, pero para los demás debía remitirme a ellas.

El primer premio lo obtuvo una chica de dieciséis años y su redacción fue publicada íntegramente en *Le Figaro*. De pie, junto a los jardines de Anvers, la leí varias veces. Era extraordinaria, clara, simple y de una originalidad que me encantaba. La muchacha ganadora explicaba que cuando se inventa un personaje de novela, a partir de la segunda línea, es el personaje el que nos arrastra. Basta seguirle y comentar lo que hace. Tendría curiosidad por releer ese artículo sesenta años más tarde. ¿De verdad escribió eso? ¿Soy yo el que le atribuyo esta idea? Qué más da, la chica era maravillosa y era la ganadora.

Unas semanas más tarde, Mousel, que era el tutor, tenía que recoger el dinero para la matrícula en el «bac»: mil francos de la época, creo recordar. Era muy poco, pero yo no los tenía. Entonces rebuscó en los bolsillos, dio la vuelta a su sombrero y depositó en él unas monedas. Luego recorrió la clase con el sombrero y todos los niños imitaron su gesto.

No sé qué hacer con ese recuerdo. Nunca me sentí pobre. Sin embargo, si Max me daba la ropa blanca de su padre, si mis compañeros de clase hacían una colecta para pagarme la matrícula del «bac», si más tarde, en la rue Rochechouart, preparaba los exámenes de medicina por la noche, junto a la ventana, a la luz de la luna porque no había podido pagar la factura de la electricidad, ¡lógicamente debía de ser pobre! En mi alma, no lo era. Era rico por mis sueños y por el apoyo de Dora y de Adolphe. Cuando las cosas se ponían muy mal, me refugiaba en su casa en Sannois, en las afueras de París. Siempre me abrían las puertas sin una palabra, sin pedir una explicación.

Cuando en 1948 entré en ese liceo, no sabía nada de los dramas que allí se habían desarrollado. Empezaba por fin a vivir con normalidad, a relacionarme con compañeros de once años que tenían los mismos profesores, los mismos juegos y las mismas lecciones que estudiar. No sospechaba que los adolescentes de las clases superiores habían vivido la guerra. Esos niños pobres eran casi todos hijos de inmigrantes: judíos de Europa central, armenios y refugiados españoles. Nunca hablábamos de eso, éramos solo franceses. Los chicos mayores de las clases superiores estaban casi todos implicados en luchas sociales, primero de palabra, luego con las armas. Al acabar la guerra, había desaparecido uno de cada tres niños. Los judíos habían sido deportados o fusilados durante la Resistencia. Muchos cristianos que militaban en las JEC[46] pagaron con su vida, también en los campos y bajo las balas del pelotón de ejecución. Algunos adolescentes con ganas de comprometerse dudaron entre las FTP comunistas y las Waffen SS. Esa elección, que hoy nos resulta sorprendente, no era rara. Doriot, dirigente del Partido Comunista, fundó el PPF (Partido Popular Francés), partidario de la colaboración con Pétain y con los nazis.

Luego, enardecido por la guerra, se alistó en el ejército alemán arrastrando consigo a muchos jóvenes franceses. Un estudiante de bachillerato está en la edad en que la exaltación es tan grande que puede aceptar morir por una causa que ni siquiera ha tenido tiempo de estudiar.[47] Muchos de los alumnos mayores del liceo Jacques-Decour ingresaron en las Waffen SS. Casi todos murieron abatidos en Lyon, donde la Resistencia era fuerte, o enviados al frente del Este, donde el frío y el Ejército Rojo acabaron con los supervivientes. Al volver a comenzar las clases, uno de cada tres pupitres estaba vacío.[48]

En este contexto cultural, el valor físico era un factor muy importante. Antes morir que confesar el miedo. Ese valor patológico tenía una función reparadora para unos niños que necesitaban probar que no eran infrahombres. Los padres ponían al servicio de sus amos su cuerpo musculoso de proletarios, las madres se ganaban la vida con sus brazos de sirvienta, era necesario que los niños también dieran muestras de valor. Los pequeños arrabaleros no se quejaban de las cuatro horas diarias de viaje. Simplemente, no se hablaba de ese asunto. Me pregunto si no había cierto orgullo en el hecho de ser pobre y luchar en silencio. Dejarse ayudar es confesar la debilidad, ¿no creen?

Al haber tenido una infancia anormal, no era consciente de que mi adolescencia también lo era. Anormal no significa patológica. Todos nosotros tenemos unos índices de azúcar en la sangre que oscilan entre los 0,90 y los 1,10 gramos por litro. La mayoría de nosotros tendrán un shock hipoglucémico si la cantidad de azúcar desciende a 0,70 gramos por litro. Algunas personas, con 0,20 gramos por litro, siguen viviendo como si no pasara nada. Son anormales desde un punto de vista estadístico, pero están perfectamente sanas. La sensación que yo tenía era parecida a esta: tenía una historia anormal, pero no me sentía enfermo. Al contrario, me producía una especie de orgullo (mudo, por supuesto) haber superado esa situación, lo que no era cierto. Esa infancia me había empujado hacia una dirección donde todavía quedaban numerosos problemas por resolver. Pero la presencia constante de la muerte me había proporcionado un valor patológico; era un iniciado. Había visto la muerte y había regresado. Imposible hablar de ello, las personas normales temen a los muertos, tienen miedo de los aparecidos.

5

Palabras heladas

La familia Auriol llenó de encanto el comienzo de nuestros estudios de medicina. Florence, que luego sería mi mujer, era amiga de Jean-Claude, que nos invitaba a formar parte de ese grupo familiar. Todo era hermoso en ellos. Sus ojos azules, sus carcajadas, sus gestos, sus discusiones, su manera de hablar, su casa, sus muebles: todo era hermoso en ellos. Nos reuníamos con regularidad en el quai de Gesvres, a orillas del Sena, para trabajar, reír y discutir de política. Un mainate[1] en su jaula imitaba el timbre del teléfono, luego la voz de Jacqueline Auriol llamando a su hijo: «¡Jean-Paul! ¡El teléfono!». El hijo llegaba corriendo y todos reíamos; el pájaro impasible no añadía ni una palabra.

La huella del pasado le da sabor al presente

Una vez al año, Vincent Auriol recibía de Revel, su pueblo natal cerca de Toulouse, un enorme *cassoulet* que nos invitaba a compartir. Se sentaba en un sillón, le servían, los adultos ocupaban las sillas y los jóvenes se colocaban donde podían. La fiesta culinaria, afectuosa, amistosa, y las discusiones duraban hasta las dos de la madrugada.

Volvía a pie a mi pequeña habitación de la rue de Rochechouart, cerca de Barbès. Para dormir, me enrollaba una pierna del pantalón alrededor del cuello y la otra en torno a la cabeza, ya que las paredes estaban heladas. El despertador sonaba a las cuatro, y me reunía con Adolphe en el mercado de Argenteuil. Me gustaba mucho ese contraste, que me producía la impresión de vivir intensamente. Cada una de las situaciones subrayaba la otra, pero ¿a quién se lo podía explicar? A los Auriol les habría interesado mi infancia. Habríamos hablado de la guerra, del nazismo, de la persecución, del orfanato y de la miseria. No me sentía capaz de hacerlo, pues habría roto el encanto de sus veladas. A Dora y Adolphe también les habrían interesado los Auriol. Me habrían hecho algunas preguntas e, intimidados, habrían pensado que los traicionaba por no pertenecer ya a su mundo. Así que no compartía esa experiencia agradable. En el mercado era un vendedor, y en casa de los Auriol era un intelectual; hacía comentarios pertinentes sobre el vino y lloraba de risa cuando el mainate imitaba el timbre del teléfono.

Era dos personas a la vez. Tras unos años difíciles al comienzo de mis estudios, conseguí ser médico y especialista en neuropsiquiatría, tal como había soñado. Este éxito es una ventaja secundaria de mi escisión neurótica. Si hubiera sido equilibrado, no habría estudiado, al menos no en esas condiciones. No tenía miedo de hacerme daño trabajando demasiado, viviendo en unas condiciones penosas. La huella de mi pasado me había enseñado que superar el sufrimiento conduce a la libertad: «Sufrir se convierte en una forma de vida, una manera de escapar al poder del otro».[2] Todo sueño de futuro transforma la manera de vivir el presente. ¿Significa que el sueño permite despreciar el sufrimiento?

Se han realizado numerosos estudios para saber qué había sido de los jóvenes supervivientes de los campos de exterminio cincuenta años más tarde.[3] Se estima que en Europa doscientos mil niños judíos sobrevivieron a la guerra (había dos millones a finales de la década de 1930). La mayoría de ellos tuvieron una infancia increíble, sufrieron una serie infinita de traumas y de agresiones físicas y psíquicas.

Algunos fueron felices durante la guerra, a veces incluso más felices que cuando se restableció la paz. Serge Erlinger escribe: «Querida Romaine, querido Eugène, cómo agradeceros ahora que ya no estáis la ternura con que me cuidasteis durante los cuatro años que pasé con vosotros. Separado de mis padres y de mi hermano, confiado a vosotros por la Asistencia pública para escapar de la barbarie nazi, viví a vuestro lado y gracias a vosotros los años más hermosos de mi vida».[4]

No recuerdo el nombre de aquella mujer que me contó que había pasado cuatro años en el paraíso. Sola con su madre, en una pequeña habitación de París, mientras su padre luchaba contra la muerte en un campo de exterminio. Cuando se produjo la Liberación, regresó hecho un esqueleto, con aire ausente, sombrío y con arrebatos de violencia. «Trajo el infierno a la casa —me decía—. Le odié. Pensé que, como no había muerto, era la prueba de que había pactado con los nazis.»

La madre de Serge no trajo el infierno, pero cuando fue a buscar a su hijo tras la Liberación, este empezó a darle patadas porque el hecho de amarle podía romper el apego que el niño había tejido con Romaine y Eugène. La madre tuvo la habilidad de preservar ese vínculo.

Cuando Dora fue a buscarme al Gai Logis, en Villard-de-Lans, provocó, sin querer, mi exclusión del grupo en el que era aceptado. Rezaban todos juntos, mientras yo, pegado a la pared, estaba solo de nuevo.

La estructura del trauma estructura el psiquismo y la historia atribuye significados opuestos a una misma situación.

Para la mayoría de esos niños la guerra fue un horror. Fue la escisión de su personalidad, como consecuencia de un contexto amenazador, la que les infundió un valor patológico; en 1994, cincuenta años después del drama de la guerra, se contactó con trescientas personas.[5] Casi todas habían pasado después de la guerra unos años de depresión, excepto aquellas que habían realizado alguna acción heroica, un acto de resistencia o algo que pudo proporcionarles una buena opinión de sí mismas. Todas tenían una supermemoria muda. Depresivas o no, no pensaban más que en eso aunque no lo mencionaban nunca. El trauma de su infancia se había convertido en un nuevo organizador de su personalidad. Ese encriptado había creado un mundo psíquico doloroso a la vez que un éxito profesional excepcional.[6] No temían el sufrimiento y sabían que superándolo conquistarían la libertad. Triste victoria de un vencedor herido. Las personas con heridas demasiado profundas permanecieron prisioneras de su pasado, sufriendo constantemente por un pasado siempre presente. Su memoria no fue empujando el hecho hacia el pasado, como correspondería. Su herida sigue sangrando.

Algunos tutores de resiliencia

Después de la guerra, la escuela no tenía la importancia que tiene hoy en día. Había que aprender a leer, a escribir, a contar y luego encontrar enseguida un trabajo. El cuerpo nos socializaba: si eras campesino, tenías que soportar el frío, el sol, el barro, doblar la espalda y realizar constantes esfuerzos físicos. Si eras obrero, tenías que estar de pie y ejecutar con rapidez gestos estereotipados. En la escuela podíamos seguir desarrollando nuestras personalidades porque teníamos muchas ocasiones de relacionarnos. O sea, que los compañeros de la misma edad participaban en la continuación de nuestro desarrollo. Escapábamos de la configuración psicológica de nuestros padres en cuanto las circunstancias sociales nos permitían integrarnos en un pequeño grupo extrafamiliar. En la escuela, lugar de instrucción programada, se añadía a partir de los once años una educación implícita[7] fuera del control de los padres. Los profesores ofrecían a menudo modelos con los que identificarse, y los compañeros podían hacer la función de tutores de resiliencia implícita.[8]

Mi tutor de resiliencia implícita durante los primeros años de liceo se llamaba Gilbert Ozun. Vivíamos en el mismo barrio, él en un gran piso cerca de la puerta de Clignancourt, y yo en un apartamento de dos habitaciones de la rue Ordener. Dora acababa de separarse de Émile, lo que representaba para mí el enésimo desgarro afectivo. Gilbert fue mi primera amistad estable. Volvíamos a pie del liceo charlando sin parar. Gilbert era buen alumno, buen jugador de fútbol y delegado de clase, ya ven qué clase de persona era. Yo me saltaba las clases de gimnasia para entrenarme al rugby siguiendo mis propios métodos, que consideraba mejores. Gilbert me decía que era mejor escuchar al profesor, separarse y hacer molinetes con los brazos para «tener la espalda bien recta». No vayan a creer que era un alumno sumiso, un aburrido. Tras unos estudios brillantes, decidió ser botones en un gran hotel, recibió un par de bofetones de su madre, vino a refugiarse a mi casa, reanudó los estudios y hoy en día es uno de los cirujanos plásticos más famosos de Francia.

Cuando Mousel me envió a los exámenes de premio extraordinario, no pude prepararlos porque no tenía libros en casa. Me sabía de memoria los libros combativos que me traía Jacquot para convencerme de la degradación de las sociedades capitalistas. ¡Cómo se puede obtener un premio extraordinario con ese material! En la biblioteca municipal del distrito XVIII, cerca de Jules-Joffrin, se negaban a prestarme libros alegando que, como no tenía aún dieciocho años, solo podía acceder a la literatura juvenil. Yo, que recitaba pasajes enteros de Zola, de Jules Vallès, algunas frases de Marx y de Jeannette Vermeersch, consideraba que la literatura juvenil era una cursilada. El reglamento de la biblioteca me protegía de la lectura, fuente de todas las contaminaciones morales. Entonces Gilbert sustraía algunos libros de las estanterías de su padre, un maestro que leía las fábulas eróticas de La Fontaine, ilustradas por Dubout,[9] donde se veían monjas con toca montadas por un asno y curas bailando la bacanal con chicas de vida alegre, es decir, de mala vida. Ahora entenderán por qué no obtuve el premio extraordinario.

Fue Gilbert el que realmente enmarcó mis años de liceo, con su trabajo regular, su aplicación de buen alumno, las horas pasadas conmigo ante las traducciones latinas, los partidos de fútbol y de pelota vasca contra una pared más o menos lisa, los paseos en bicicleta hasta Jumeauville, a casa de su padre, donde vaciábamos las botellas hasta la mitad y luego las rellenábamos de agua, convencidos de que nadie se enteraría. Todavía teníamos mucho que aprender de enología.

Cuando Dora y Adolphe se instalaron en Sannois, yo me quedé en París, y esto preservó mi marco con Mousel, el liceo y Gilbert. Iba a menudo a Sannois, y allí salía con otra pandilla de adolescentes. En Versalles aprobé el examen de socorrista para ganar algo de dinero en verano, y esto me acercó a la piscina de Ermont, el pueblo vecino. En este otro contexto, ¿habría estudiado? Los socorristas eran amables, pero otros amigos del barrio me decían que «un hombre, un hombre de verdad, va al tajo a ganar el pan de su familia. Solo las chicas y los maricones estudian».

No me dejé convencer. Seguí mi camino. Fue difícil, sobre todo los primeros años de medicina. No tenía beca, debía trabajar y encontrar otro empleo cada vez que las prácticas en el hospital cambiaban. Si hubiera sido una persona equilibrada, no habría tenido necesidad de ese sueño loco: ¡ser psiquiatra! ¿Entienden? A veces estuve tentado de abandonar, porque era una decisión tranquilizadora. ¡Trabajar en los mercadillos no estaba mal! Hubiera tenido amigos, yo también habría fundado un hogar. De hecho, estaba alienado, poseído por mi sueño, tenía que resistir. Gilbert me enseñó el camino matriculándose en medicina, mi valor patológico hizo el resto.

Cada relación nos modifica, pero las relaciones no se establecen al azar. Yo no tuve trato con el yesero que me decía que solo las chicas y los maricones estudian, simplemente me crucé con él. Me sorprendió, pero no me convenció. No era una relación porque no me apartó de mi camino. No dejó huella en mí, salvo la sorprendente frase propia de su grupo de adolescentes.

Se cambia de estilo relacional cuando se cambia de amigos. Se cambia de proyectos cuando se cambia de medio. Por supuesto, ese cambio se hace a partir de lo que uno ya es. Se trata de una inflexión, no de una metamorfosis, aunque es suficiente para modificar el curso de nuestra vida. Una relación verdadera provoca una influencia recíproca. Son dos mundos íntimos que interactúan y uno modifica al otro.[10] Cada individuo responde a la idea que se hace de sí mismo, pero esta representación de uno mismo se expresa de forma diferente según el contexto familiar y cultural. Con una misma historia y unos mismos hechos, un individuo puede callar en un medio y hablar mucho en otro. Sin embargo, cuando uno ha sido herido de niño, la cripta que se ha instalado en el alma es difícil de desatrancar.

Cuando tenía trece años, viví unos meses en casa de los Sergent, no sé por qué. Esa pareja de periodistas me hospedaron en la rue Raynouard, cerca del Trocadéro, ¿se imaginan? Ella era tan guapa como Marlene Dietrich, con una melena rubia que le llegaba hasta la cintura. Él era una persona muy sencilla y muy alegre. Nos separábamos por la mañana, ellos se iban a la radio y yo al liceo. Nos encontrábamos de nuevo por la noche, alguien nos servía la cena. Eso es todo.

Los domingos cogía los patines de ruedecillas para bajar rodando las escaleras del Trocadéro. Me reunía con otros chicos que llegaban de otros barrios para patinar en las explanadas. Los niños de los barrios ricos raramente están solos en la calle. En Montmartre aprendíamos a jugar en la calle y también a encontrar los pequeños trabajos que nos permitían ganar unas monedas. Por la noche, sucios y sudados por haber patinado todo el día, íbamos a bañarnos al Sena, al pie de las escaleras, bajo el puente de Iéna.

Conservo otro recuerdo que todavía hoy me divierte. Los Sergent hablaban mucho de un cantante que querían grabar para la radio. Habían instalado en el comedor de su casa en la planta baja uno o dos aparatos enormes. Un técnico se había apostado en medio de la calle por si pasaba algún coche. Ningún coche molestó al cantante, y Jean Sablon pudo grabar tranquilamente:

Pourquoi m'avoir donné rendez-vous sous la pluie,
petite aux yeux si doux, trésor que j'aime.
Tout seul, comme un idiot, j'attends et je m'ennuie
*et je me pose aussi quelques problè-èmes.**

Tras haber pasado unos meses en casa de los Sergent, en una vivienda confortable de uno de los barrios más elegantes de París, regresé encantado al pequeño apartamento de Adolphe y de Dora. Había más vida en su casa. A pesar de la amabilidad, la belleza y la cultura de los Sergent, no tuve relación con ellos, viví en su casa, agradablemente.

* «Por qué me citas bajo la lluvia, / chiquilla de ojos dulces, mi tesoro amado. / Solo, como un idiota, te espero y me aburro / y también me pregunto algunas cosas.»

Un período sensible de mi infancia, uno de esos períodos en los que de pronto se graba en lo más profundo de uno mismo una imagen que da sentido a la existencia, fue el que pasé en Stella-Plage, una colonia de vacaciones de la CCE.[11] Jacquot trabajaba como monitor y me había inscrito para el verano. Tenía catorce años y, por primera vez en mi vida, vivía en un medio judío. No se pronunciaba ni una palabra sobre el judaísmo; tan solo relatos sobre la historia del pueblo judío, su cultura, sus canciones y sus sueños futuros. Una judeidad sin Dios, eso me interesaba. Muchas historias sobre Resistencia, filosofía, literatura y música. Jamás me habían hablado así de la condición judía: magnífica, seria, alegre, apasionante. Ni una sola palabra sobre el exterminio.

Ni siquiera los que todavía tenían padres sabían gran cosa del judaísmo: unas pocas fiestas, llamadas religiosas, servían de pretexto para reuniones familiares, algunas citas literarias o filosóficas, solo por el placer de hablar de grandes hombres judíos.

Casi todo el día se dedicaba al deporte y a la preparación de las veladas en las que se elaboraban las ideas y los temas de nuestra vida. Se hablaba más de historia de los pueblos que de religión. Todos sabíamos que éramos judíos, pero nadie sabía en qué consistía ser judío. Decididamente, era algo que me perseguía. Nos sentíamos en familia, podíamos interesarnos en otra cosa.

Había dos mujeres encargadas de promover las actividades de esa pequeña institución: Louba y Ana Vilner. Su presencia era todo un acontecimiento, nos invitaban constantemente a jugar, a reflexionar y a bailar. Nos enseñaban a cantar:

Ô terre de détresse
où nous devons sans cesse
piocher... Piocher...

Mais un jour reviendra la vie
*Le printemps refleurira...**

Yo veía en esta canción una alusión a la ruina de la guerra y a la esperanza renaciente.

También me gustaba el lamento yídish:

*Es brennt, es brennt, o briderler, es brennt.***

Me interesaba que se hablase de nuestros sufrimientos, en forma de una alusión pronto transformada en canción o en poesía, única manera de hablar de ello. Explicar el sufrimiento sin transformarlo no hacía más que mantenerlo, como un lamento. Por el contrario, había que hacer algo con la herida. Por eso el comunismo me parecía un arma eficaz, y sobre todo la Resistencia.

Se hablaba mucho más de los FTP[12] que de los scouts israelíes, no comunistas y religiosos, que habían combatido en las FFI y fundado la Organización Judía de Combate en Toulouse.

Había una canción que glorificaba esa resistencia:

Ami, entends-tu le vol noir des corbeaux sur nos plaines
Ami, entends-tu les cris sourds du pays qu'on enchâine
Ohé, partisans, ouvriers, paysans, c'est l'alarme...[13]***

Esos cánticos me producían una deliciosa tristeza. De acuerdo, había existido la guerra, el incendio, la tierra de aflicción y el

* «Oh tierra de aflicción / donde sin cesar debemos / cavar... Cavar / Pero un día volverá la vida / florecerá de nuevo la primavera...»

** «Quema, quema, oh hermano, quema.»

*** «Amigo, ¿oyes el vuelo negro de los cuervos en la llanura? / Amigo, ¿oyes los gritos sordos del país que encadenan? / Escuchad, guerrilleros, obreros y campesinos, suena la alarma...»

país que encadena. Pero volvería a florecer la primavera, la alarma sacaría de la paja los fusiles y la metralla de la liberación. La epopeya. La belleza, la libertad: esto es en palabras llanas lo que sentía cuando cantábamos nuestras heridas con nuestras voces de niños.

Durante el día teníamos que movernos, jugar y hacer deporte. Por la noche teníamos que hablar y asistir a los espectáculos en los que debíamos escenificar los temas de nuestras reflexiones.

Una tarde en que habíamos caminado largo rato por el bosque, los niños se sentaron alrededor de Jacquot que explicó... ¡su resistencia! Serios y apasionados, escuchábamos sin decir palabra. Debería decir «ellos escuchaban sin decir palabra» porque yo estaba desorientado. «¡Es capaz de contar en público lo que no dice en privado! ¡Es capaz de buscar las palabras, los encadenamientos de imágenes que le permiten compartir su experiencia, y en cambio en la vida en familia no hace esa labor de puesta en común de la vida!» ¡Me sentía feliz, orgulloso, asombrado y confuso, por tanto, mudo!

En Stella-Plage me habían pedido que compartiera la habitación con un compañero del liceo Jacques-Decour. No tardamos mucho en hacernos amigos. De día organizábamos las exposiciones de pintura, las decoraciones florales en las paredes, las manifestaciones en favor de los mineros, cuya huelga continuaba. Roland cuestionaba todas las órdenes de Louba y de Ana diciendo que no teníamos que dejarnos manipular por los adultos. Yo era mucho más independiente que él. No necesitaba oponerme para decidirme. Discutíamos, argumentábamos hasta bien entrada la noche. Aprovechaba cualquier ocasión para reír, lo que en él era una forma de mostrar su desacuerdo. Cuando no le gustaba una orden, cuando un tema le irritaba, se reía tanto que con ello obtenía la victoria.

Le gustaba decir que Topor significaba «hacha» en polaco. «Por eso mi padre tuvo que huir de Polonia —añadía—. Para no ser hacheado.» Siempre había alguien que le preguntaba inevitablemente: «¿Escapó de los pogromos?». «No —precisaba Roland Topor—. Escapó de los judíos piadosos a los que no podía soportar.» Y estallaba en una risa atronadora. «Estallar» es la palabra adecuada, ya que, ante la sonoridad de su risa, no había objeción posible.

Durante unos meses compartimos la habitación, los sueños y las interminables discusiones nocturnas. Luego nuestros caminos se separaron.

Me levantaba temprano para ganar un poco de dinero antes de ir a la facultad. Él se levantaba tarde para ir a la suya. Alain Lavrut, un compañero del liceo, había encontrado un trabajo de limpiacristales y consiguió meterme en la empresa. Al acabar el «bac» y una vez matriculado en PCB,[14] bastaba con levantarse a las cuatro de la madrugada y pedalear en la noche a través de un París desierto para llegar a los hermosos edificios de los Campos Elíseos donde teníamos tres horas para frotar los parquets y limpiar los cristales antes de que se abrieran las oficinas. Luego había que coger de nuevo la bici y pedalear entre el intenso tráfico para llegar sobre las nueve a Jussieu y asistir a las clases hasta mediodía. A veces iba a despertar a Roland hacia la una del mediodía. Se levantaba y tomaba, por este orden, un vaso de agua, un café y un bistec con patatas fritas.

Su padre era un hombre encantador. Siempre tenía a punto una observación divertida, una especie de filosofía de la ironía. Trabajaba en marroquinería y además era poeta. Cada vez que vendía un artículo de piel, le regalaba al comprador una pequeña antología de poemas que había hecho imprimir por su cuenta. Roland decía: «Cuantos más monederos vende, más pobres somos».

Después de su muerte fue cuando descubrí que Roland había tenido una infancia comparable a la mía.[15] Su padre, un polaco enamorado de la Francia que honró a Chopin y a Adam Mickiewicz, tuvo la suerte de no ganar un concurso de escultura. Quedó en segundo lugar, de modo que en vez de recibir una considerable suma de dinero, obtuvo una beca para estudiar seis meses en París. Cuando estalló la guerra, fue citado en la comisaría por la policía de su país de acogida y no por el ocupante alemán. Fue detenido y encerrado en Pithiviers. Roland fue a verle a la cárcel, como vi yo a mi padre por última vez en el campo de Mérignac. Roland fue perseguido durante toda la guerra, como lo fui yo. «No tenía ni cinco años —diría más tarde—, y ya tenía a toda la policía de Francia pisándome los talones.» ¡Jamás hablamos de ello!

Comienzo de mi carrera política a los catorce años

Después de Stella-Plage y por influencia de Jacquot, decidí afiliarme a la UJRF.[16] El comunismo me parecía la única doctrina noble: la Unión Soviética había aplastado al nazismo, el comunismo hablaba de igualdad, de futuros radiantes y de paz en el mundo. En aquella época, los norteamericanos luchaban en Corea, luego lo hicieron en Vietnam, donde lanzaban napalm sobre aldeas de campesinos. Ante ese panorama, ¿habrían dudado?

El Ejército Rojo cantaba divinamente, las fiestas comunistas eran una exaltación de la amistad y de la alegría. En la plaza del Trocadéro, los autobuses iban llenos de obreros procedentes de Aubervilliers para asistir a la representación de *Lorenzaccio*, en la que Jean Vilar y Gérard Philipe entusiasmaban a las masas con un decorado muy sencillo. Íbamos a escuchar *La ópera de cuatro cuartos*, practicábamos deportes al aire libre, camping en Fécamp, escalada en Fontainebleau, esquí a buen precio en Valloires, y la vuelta a Inglaterra en autoestop durmiendo en los albergues de juventud. Preparábamos la reunión semanal en un local de la rue

Navarin, cerca del circo Medrano. Las chicas de los liceos cercanos participaban en los debates donde discutíamos sobre huelgas, arte, historia, la Unión Soviética, la paz y la prosperidad que aportaría al mundo. Mientras tanto, los norteamericanos bombardeaban el planeta y establecían relaciones de jerarquía: ¡Malditos sean los pobres! ¿Cómo no ser comunista?

Me gustaban mucho estas reuniones de la UJRF. Las preparábamos leyendo *L'Humanité*, yendo al teatro, discutiendo con la gente de extrema derecha. Había que demostrar erudición y capacidad de réplica. Yo no sabía que en aquel liceo uno de cada tres alumnos era judío. Nunca lo mencionábamos, no era un valor. Lo que importaba en la posguerra era avanzar, intentar una aventura humana. ¡Adelante!

Dos pequeñas sombras alteraban, no obstante, ese paisaje idílico. Las reuniones no siempre suscitaban entusiasmo. A veces había que mirar películas «realistas socialistas» y, como estábamos obligados a hablar bien de ellas, en alguna ocasión nos pasamos horas admirando un grifo que goteaba en una cacerola vacía. Era socialista, porque la cacerola era de un pobre, y era realista, porque podías pasarte mucho tiempo viendo las gotas que caían dentro. Después de estas películas las discusiones eran menos vivas.

«Desde hace unos años se ha demostrado que un impacto psíquico grave se puede transmitir a varias generaciones a través de modificaciones llamadas epigenéticas. No solamente tenemos una transmisibilidad heredable que puede preverse por el propio contexto familiar, sino también una transmisión hereditaria real, por fortuna bastante lábil.»[17] Mitchourine y Lyssenko, amigos de Stalin, sostenían que el medio modificaba la herencia de los caracteres adquiridos. Eso significaba implícitamente que una sociedad bien organizada, es decir, comunista, haría a las personas felices y sanas durante generaciones. Un profesor de universidad, reconocido biólogo, nos explicaba que el pensamiento perfecto de Lenin y de Stalin nos aportaría salud y felicidad.

Mientras tanto, el diario *L'Aurore* publicaba testimonios sobre la inmensa miseria social e intelectual de los países comunistas que contradecía a ese profesor. Aparecieron por entonces en Francia las primeras películas en color; eran soviéticas, nos decían, ¡lo cual probaba que la tecnología comunista era mejor que la de los capitalistas![18]

Así que nuestro pequeño grupo de jóvenes comunistas tenía que celebrar esa victoria. En los años cincuenta había cerca de Barbès un inmenso cine llamado Louxor porque su decoración recordaba a Egipto. ¡Allí se proyectaron las primeras películas soviéticas en color! En esas películas todo era en tono pastel, dulce y luminoso, como el malvavisco, que es blando y azucarado. En una escena, aparecían dos jóvenes declarándose su amor delante de un tractor naranja sobre el fondo de una puesta de sol rosácea. Como la joven pareja disponía de pocos medios, decidía pedir consejo al camarada Stalin. El Padrecito de los pueblos los recibía en su despacho, vestido con una camisa blanca de cuello cerrado, según la tradición rusa. Tras haberles escuchado afectuosamente, Stalin les decía: «Antes de casaros, hijos míos, esperad al fin del plan quinquenal».

Dudábamos de la realidad de esa escena. Pero varios profesores comunistas a los que admirábamos nos explicaron que eso es lo que ocurría en las democracias populares. Incluso se atribuye a Roger Garaudy la afirmación de que, según la teoría de Ivan Mitchourine, gurú de la biología vegetal y amigo de Stalin, la sociedad comunista estaba tan bien organizada que las vacas producían más leche. Es cierto que una vaca no estresada produce más leche, pero ¿era el régimen comunista el que la tranquilizaba?

Tras dos años de militancia aplicada y de informes eruditos sacados de *L'Humanité* o de *L'Avant-Garde*, me recompensaron enviándome con una delegación al Festival de la Juventud que se celebró en 1953 en Bucarest. Tras varios días de viaje en los que nos encantaba agitar el fantasma del miedo («La frontera es infranqueable... nos harán prisioneros los norteamericanos»), al final llegamos. Primera sorpresa en la estación: unos hombres en posición de firmes, vestidos con monos azules de trabajo, nos esperaban para llevarnos las maletas. Cuando nos negamos, nos dijeron que habían sido reclutados para hacer ese trabajo, y uno de ellos nos comentó en un francés rudimentario que, puesto que el comunismo había organizado una sociedad perfecta y ellos habían sido designados para estar en lo más bajo de la escala, era normal que obedecieran.

En la calle agitaban banderas, nos sonreían, y chapurreaban con nosotros en franco-rumano. Era una fiesta. Dormíamos en la escuela politécnica, en catres, y yo compartía el «dormitorio» con jóvenes *normaliens* que, en unos pocos días y descifrando los periódicos, habían aprendido suficientes palabras para defenderse en rumano. En la calle nos abordaban a menudo personas que nos apartaban a un rincón y, con mirada temerosa, nos explicaban que la policía estaba en todas partes y luego nos pedían que les vendiéramos nuestros vaqueros.

Fin de mi carrera política a los dieciséis años

Efectivamente, la policía estaba presente en las calles, en las manifestaciones y hasta en los teatros. Una noche llegué tarde a un espectáculo y todas las localidades estaban ya ocupadas. Un policía que me había preguntado mi dirección quiso demostrarme su amistad. Me llevó hasta las mejores butacas y, de un manotazo, hizo levantar a un espectador para cederme su asiento.

Muchos rumanos habían luchado contra el nazismo en las FTP de Francia. Jacquot me había dado varias direcciones de resistentes y quise ir a verles. En el rellano, los vecinos me decían mientras con la mano hacían gestos de evacuación: «Sanatorium, sanatorium, Militsia». Me extrañó que hubiera tantos tuberculosos entre los resistentes y pregunté por qué se los tenía que llevar la policía para curarse. Tardé bastante en comprender que «sanatorium» significaba «asilo psiquiátrico». Algunos antiguos resistentes estaban en la cárcel después de haber tenido responsabilidades en el gobierno y otros simplemente habían desaparecido.

Un domingo por la mañana, antes de asistir a un espectáculo político-deportivo con desfiles, estandartes y grupos de baile, fuimos invitados a una manifestación en la que debíamos participar. Mis compañeros de la rue d'Ulm y yo, joven bachiller, nos encontramos en medio de una multitud reunida según la profesión y coreamos: «Georghiu Dedj luptator pentru pace şi popor».[19]

Visitamos una fábrica junto con otros compañeros de la Renault. En torno a la puerta principal había grandes fotografías adornadas con laureles. Los jóvenes obreros se interesaron por el ritmo de trabajo y dijeron: «Si los estajanovistas de esta fábrica tuvieran que trabajar en la Renault, los echarían por holgazanes». En las zanjas de las obras públicas, unas mujeres cubiertas de barro, vigiladas por un capataz menudo que marcaba el ritmo a golpe de silbato, levantaban pesados tubos. Otras mujeres, con palas y picos, dormitaban sobre el césped de los jardines. Cuando nuestro intérprete se dirigió a ellas en tono provocador: «¿Qué tal? ¿Muy cansadas, no?», respondieron riéndose: «El Estado hace como que nos paga y nosotras hacemos como que trabajamos». El humor es una forma de resistencia en todas las dictaduras.

Quise visitar la facultad de medicina. Unos estudiantes nos comentaron que la prueba más selectiva en medicina no era la anatomía, la bilogía o la clínica, como cabría esperar, sino la disertación sobre el marxismo. Algunos estudiantes deseosos de ser médicos se santiguaban antes de hacer este examen. Se santiguaban a escondidas porque la religión estaba perseguida. En una pancarta se podía leer: «El cromosoma es un invento burgués destinado a legitimar el capital». Lyssenko, para reforzar la ideología de su amigo Stalin, prohibía creer en la existencia de cromosomas que podían evocar una naturaleza humana. Solo la organización social comunista era merecedora de reflexión. Curioso materialismo.[20]

La mayoría de mis amigos *normaliens* estaban desconcertados. Entonces uno dijo: «Cuando se hace la revolución, para hacer una tortilla hay que romper los huevos». Me dije para mí que los huevos eran millones de seres humanos.

Nos paraban por la calle para murmurarnos frases que no acababa de comprender: «ocupación rusa», «policía omnipresente», «impuesto sobre la carne», «escuela negada a los hijos de los burgueses»...

A pesar de todo, fue una experiencia humana magnífica. Los rumanos adoraban Francia, su música era viva, la perenitza hacía bailar a las gentes en la calle, la ópera china nos conmocionaba por su belleza y todos los transeúntes nos manifestaban su amistad. Regresé a Francia con la sensación de que esa experiencia me había hecho madurar, pero también profundamente desconcertado.

Cuando hice mi informe a la UJRF en el local de la rue de Navarin, los amigos a los que quería y que tanto había admirado en mi adolescencia se callaron. Incluso Jeannette, cuyo apoyo esperaba, apartó la mirada. Quise plantear algunas cuestiones a los responsables, hablar de mi desconcierto, sin agresividad. Paul Laurent, entonces secretario nacional de la UJRF, me respondió que era demasiado joven y no había sabido ver.

De vuelta al liceo, le comenté mi malestar a Jean Baby, el profesor al que admiraba. No me creyó y dijo que había que desconfiar de la propaganda reaccionaria. Me encontraba con la misma imposibilidad de hablar de mi experiencia que en los años de posguerra, cuando quería explicar lo que me había sucedido.

Antes de ir a Bucarest, había leído en *Le Monde* el complot de las blusas blancas, denunciado por Beria, el jefe de la policía política de la Unión Soviética, que acusaba a los médicos judíos de haber asesinado a un buen número de dirigentes comunistas.[21]

El proceso de las blusas blancas en 1953, mi malestar en Bucarest y la entrada de los tanques rusos en Budapest en 1956 transformaron mi utopía. La realidad se alejaba de su representación idílica. Fue difícil renunciar a esta fascinación. Cuando dije: «No es así como hay que luchar», perdí a mis amigos, tuve que renunciar a las lecturas y a las salidas que enmarcaban mi vida diaria e inflamaban mis sueños. Si hubiera podido conservar la fe, mis primeros años de medicina no habrían sido tan duros. Me habría sentido apoyado, reconfortado y alentado, como lo estaba Bernard Kouchner, elegante con sus abrigos de cuello de terciopelo y valiente cuando se enfrentaba a sus oponentes en *Clarté*,[22] el diario de las Juventudes Comunistas que vendía voceando delante de la facultad de medicina. Las dudas le asaltaron más tarde, pero ya había en él un germen de escepticismo, puesto que recuerdo que criticaba los artículos del periódico que vendía.

¿Se puede vivir sin mitos? Cuando una experiencia colectiva es penosa, cuando la situación social es difícil, cuando el mundo íntimo está desquiciado, el mito nos reúne y da sentido a nuestros sufrimientos.[23]

No se trata de una mentira, hablaría más bien de experiencias reales dispuestas para ser compartidas a fin de habitar en un mundo común. La quimera de mi infancia daba forma a una experiencia que no podía compartir. Esta representación de mí reunía hechos reales que mi contexto relacional no soportaba oír. En el mito, en cambio, las experiencias están dispuestas para compartir una misma representación. Mi quimera galopaba sola, en mis cavilaciones mudas, mientras que el hecho de compartir un mito habría organizado un relato colectivo en el que habría podido relacionarme con las personas cercanas y obtener su apoyo. Mi quimera cohesionaba la representación que me hacía de mí mismo, iniciada con mi triunfo sobre la muerte, proponiéndome así una extraña estrategia de vida. Si hubiera podido compartir una memoria colectiva, habría recibido ayuda. No obstante, gracias a las Juventudes Comunistas pude realizar proyectos sociales y tener sueños de futuro hasta el día en que las dudas me privaron de ese sostén.

La evolución perversa comienza cuando el mito se convierte en dogma y nos pide que creamos que no hay otra verdad. A partir de entonces, basta que uno de nosotros contemple otra evolución, descubra una experiencia diferente o un archivo que podría cambiar el mito, para que se le tome por blasfemo.

Cuando el mito necesario se convierte en un dogma fijista, cualquier opinión diferente, aunque cercana, se interpreta como una transgresión. Cuando el «yo» es frágil, el «nosotros» sirve de prótesis. Cuando se necesita un mito para ser respaldado, la menor variación, interpretada como una agresión, justifica una respuesta violenta con el pretexto de la legítima defensa. Se puede deportar, quemar, excomulgar o reeducar al que no está totalmente de acuerdo con nuestro relato, ya que, al cambiar de visión, destruye nuestro mito y nos impide vivir juntos: muerte al transgresor.

El mito del francés espabilado, resistente y que ridiculiza al doríforo alemán cambió en los años setenta. En aquella época, mi quimera empezó a sentirse menos sola, cuando los relatos culturales hicieron que mi entorno prestara más atención a lo que me había sucedido (lo que había sucedido a veinte mil personas que padecieron una infancia semejante a la mía).[24]

Los hechos eran reales, pero las palabras estaban heladas.

Rabelais escribió un cuento basado en esta idea.[25] Su barco navega por los mares helados del Norte y se acerca a los mares cálidos del Sur: «En alta mar, mientras nosotros banqueteábamos, parloteábamos, charlábamos, y hacíamos bellos y cortos discursos, Pantagruel se levantó y permaneció en pie oteando a su alrededor. Luego nos dijo: "Compañeros, ¿no oís nada?". [...] Panurgo exclamó: "¡Pardiez! ¿Es una burla? Estamos perdidos. Huyamos... Son, ¡por Dios! cañonazos". Pantagruel, al oír el escándalo que armaba Panurgo, dijo [...] "Allí habitan las Palabras, las Ideas, los Modelos. [...] Cuando son proferidas en cierto lugar, durante el riguroso invierno, se hielan y se congelan con el frío del aire". [...] El piloto respondió: "Señor, no os asustéis por nada. Estamos en los confines del mar Glacial, donde se libró al comienzo del verano pasado una gran y feroz batalla, entre los arismapos y los nefelibates. Entonces se helaron en el aire las palabras y los gritos de los hombres y de las mujeres, los choques de las mazas, los golpes de los arneses y las bardas, los relinchos de los caballos, y todos los demás estruendos del combate. Ahora, pasado el rigor del invierno, al llegar la serenidad y templanza del buen tiempo, se funden y se oyen". [Pantagruel] nos echó sobre la cubierta puñados de palabras heladas. [...] Vimos palabras de gules, palabras de sinople, palabras de azul, palabras de sable y palabras de oro».

Rabelais, a principios del siglo XVI, planteó una cuestión que todavía hoy en día es objeto de debate. ¿Por qué un herido del alma no puede explicar más que lo que su contexto es capaz de entender? Cuando el entorno cultural está helado, el herido se queda solo con su trauma encriptado en la memoria. Pero cuando el clima se caldea, cuando «llega la serenidad», el herido puede expresarse, está atendido y puede recuperar el lugar que ocupaba entre los suyos.

Se comprende, por tanto, que la forma que adopta la presencia del otro modifica cómo se explica la herida. Organizo la representación de mi pasado según la persona a quien dirijo mi relato. ¡La persona a quien me dirijo participa en mi historia! Tal vez actuando sobre los relatos circundantes conseguiré expresar con serenidad lo que me ha sucedido.

Cuando una muchacha, Ana Frank, escribió su *Diario*[26] durante la guerra, no hacía más que contar hechos terribles pero soportables. Lo sabemos, no los vemos. La tensión emotiva está provocada por la espera de la muerte y no por la acumulación de cadáveres.

En aquella misma época, Primo Levi, capaz de escribir poesía y de reflexionar, prefirió escribir *Si esto es un hombre*, porque creía que su testimonio le permitiría vengarse de los criminales: «[...] un libro, como un revólver en la sien de los agresores».[27]

El diario de Ana Frank cuenta una historia soportable y conmovedora. Primo Levi, tras haber sido rechazado por muchos editores que le respondían que a nadie le interesarían semejantes horrores, solo vendió setecientos ejemplares el año de la aparición de su libro, en 1947.

La muchacha, con su relato deliciosamente triste, supo deshelar las palabras mucho mejor que el sabio que, con su testimonio insoportable, helaba a sus lectores y reforzaba así su negación.

Creo que fue la popularización de los Justos la que caldeó de nuevo el ambiente. En 1953, el Parlamento israelí votó una ley para rendir homenaje a los «Justos entre las Naciones que arriesgaron su vida para ayudar a los judíos». No tuvo ningún eco ni respuesta hasta 1961, fecha del proceso de Eichmann. Los organizadores, temiendo que el gobierno alemán se sintiera agredido, inmediatamente declararon a algunos alemanes Justos entre las

Naciones para demostrar que no estaban procesando a un pueblo. Al año siguiente, muchas instituciones judías solicitaban honrar a un número tan elevado de Justos que la Kneset tuvo que inaugurar una avenida de los Justos en Jerusalén.[28]

A principios de la década de 1980, el deshielo de las palabras fue manifiesto. Oía extrañas frases a mi alrededor: «Parece ser que detenían incluso a los niños. [...] Algunos acudían a la comisaría con el traje de los domingos y la cruz de guerra [...] nunca más los volvieron a ver». En los medios de izquierda, la religión no formaba parte de la identidad. Se decía que en los campos había rumanos, húngaros, polacos o franceses, pero no se decía si eran judíos o cristianos, porque la religión no significaba nada.

Un día una enfermera del centro médico-social de La Seyne-sur-Mer, donde yo ejercía de médico, me trajo un número de *Historia*, en el que Michel Slitinsky había escrito un breve artículo sobre las redadas durante la guerra. Se decía en este artículo que «el valiente soldado Cyrulnik, herido en Soissons, en la Legión Extranjera, había sido arrestado en su cama del hospital por la Gestapo de Burdeos». «¿Es alguien de su familia?», me preguntó la enfermera, madame Richard.

¡Estaba escrito en la revista *Historia*! Mi padre había sido valiente, herido en Soissons y arrestado en compañía de un soldado húngaro del mismo regimiento. ¡Esos hombres habían sido detenidos y deportados por la policía del país por el que luchaban!

En 1981 en Hyères, Paul Guimard organizó un encuentro con Jean-Pierre Énard, a quien acababa de entregar mi primer manuscrito. Decían que Maurice Papon, que había formado parte del gobierno de Barre, se oponía enérgicamente a François Mitterrand. Tendría muchos problemas, afirmaban, porque Serge Klarsfeld[29] había encontrado documentos que autentificaban las órdenes de requerimiento firmadas durante la guerra por Maurice Papon.

Unas semanas antes, Michel Slitinsky me había enviado fotocopias de órdenes gubernativas en las que pude ver listas de niños que la policía tenía que detener. Al pie de muchos documentos, se podía leer: «Para el prefecto, el secretario general», firmado Maurice Papon.

Cuando Slitinsky me envió el documento,[30] descubrí que el 16 de marzo de 1943 Maurice Papon firmó el traslado de prisioneros del campo de Mérignac al campo de Drancy. Tal vez mi padre iba en ese convoy hacia Auschwitz.

El 16 de julio de 1942 estaba prevista mi detención, pero pude escapar porque mi madre me había llevado a la Asistencia pública. El 18 de julio de 1942, fue ella la que partió hacia Auschwitz.

El padre de Philippe Brenot, médico en Mérignac, me dijo que había podido ver un documento del campo en el que estaba escrito: «Boris Cyrulnik, cinco años. Evadido». Es imposible. El archivo se equivoca, yo no tenía cinco años, solo fui una vez al campo de Mérignac para ver a mi padre.

Poco antes de su muerte, Margot contó cómo se había hecho cargo de mí. Descubrí que antes de acogerme en su casa me había confiado a una familia de Villenave d'Ornon; no tengo ningún recuerdo. El día en que me detuvieron, Margot era maestra en Coutras; yo no lo sabía. Después de mi evasión, se hizo cargo de mí la pareja formada por André y Renée Monzie; lo supe en 1985, cuando en un congreso sobre el lenguaje André Monzie cogió el micrófono y me lo explicó delante de todo el público.

Esos momentos cruciales no han dejado ninguna huella en mi memoria. En cambio, ¿quieren que les cuente cómo Margot me daba terrones de azúcar cuando fue a buscarme a la Asistencia? Recuerdo que estaba de pie pegado a ella para estar más cerca de la caja que sostenía sobre las rodillas. Recuerdo el gesto que hizo para indicarme que se había acabado. ¿Quieren más detalles? Están grabados en mi memoria, claros y precisos. «Es propio del hecho traumático resistir al proceso de historización.»[31] La memoria traumática es una huella fijada que no evoluciona. Aparece inesperadamente, evocada a veces por un simple indicio percibido en el entorno. Por la noche, esa huella regresa en forma de pesadillas, como la repetición de una terrible lección que refuerza la memoria del horror.

El proceso de historización es distinto. Es intencional porque tiene que buscar recuerdos, utilizar documentos y provocar encuentros que nos permiten modificar la representación del pasado, cambiar de opinión y de manera de ver las cosas.

La memoria histórica no es la memoria narrativa

La evidencia histórica no es la evidencia narrativa. Yo necesitaba que mi relato mudo fuera coherente para que me ayudara a orientarme en un mundo hostil. Pero cuando me contaron mi infancia, descubrí un nuevo continente. El cambio de relatos culturales cambió mi relato íntimo, ¡ya no me explicaba la misma historia! Cuando el clima se suavizó y las palabras se deshelaron, pude entender de manera diferente mi pasado y compartirlo con miles de confidentes, ¡hablar con normalidad!

Es evidente que el proceso Papon tenía una intención pedagógica. Los medios de comunicación se convirtieron en profesores de historia, los mudos fueron invitados a hablar. Y explicaron, testimoniaron, precisaron, modificaron su memoria herida. ¿Corresponde a la justicia hacer pedagogía? «¿No íbamos a confundir la sala de audiencias con un coloquio o una clase del liceo?»[32]

Este proceso hizo que me sintiera incómodo, pero me benefició. No me sentía orgulloso de que se agrediera a un anciano. ¿Era tal vez por el recuerdo de aquel miliciano linchado lentamente en el Grand Hôtel de Burdeos, cuando se produjo la Liberación en septiembre de 1944? Hubiera deseado algo más de nobleza por parte de mis libertadores, algo más de dignidad en aquellos a quienes sentía próximos y que habían condenado a Papon antes de juzgarlo.[33] En 1981 no se hablaba de los crímenes del gobierno de Vichy. En ese contexto, a Papon no le costó mucho constituir un jurado de honor para evocar una vaga afiliación a las Fuerzas Francesas combatientes. En aquella época, la fuerza de todos los movimientos sociales estaba en el conformismo. En 1933, la mayoría de los alemanes votaron contra el nazismo. Luego la rutina de los eslóganes condujo a ese gran pueblo, a esa gran cultura germánica, a someterse a una ideología estúpida: «La continuación automática de la vida diaria obstaculiza cualquier reacción vital contra la monstruosidad».[34] Primo Levi anota la misma idea: «Los que son peligrosos son los hombres corrientes».[35] «La cultura de un funcionario de la época era obedecer sin hacer preguntas.»[36] De vez en cuando, conviene programar una pequeña revolución. Todos los funcionarios de los regímenes totalitarios aceptan participar en el régimen, pero se permiten periódicamente mostrar un mínimo desacuerdo. «Casi todos los altos funcionarios de Vichy ayudan a la Resistencia.»[37] Cuestionaron un poco la orden de detener a los niños, pidieron a su superior jerárquico que pusiera paja en los vagones de ganado que debían transportar a los prisioneros hasta Drancy y después a Auschwitz, protestaron ante sus jefes para que se distribuyeran mantas y botes de leche condensada a las mil setecientas personas que iban a la muerte. Se trata de un comportamiento habitual cuando las relaciones jerárquicas exigen obedecer órdenes criminales. Uno obedece porque es funcionario, aunque añade una pizca de rebelión para preservar la autoestima. Esta adaptación permite mantener el puesto y ejecutar las órdenes criminales sin sentimiento de culpa.

Es difícil no adoptar semejante estrategia. Cuando un funcionario acepta sin criticar y hasta se adelanta a las órdenes de los verdugos, tendrá que reconocer su participación en el crimen. En cambio, si se rebela, corre el riesgo de ser despedido y deberá dimitir u ocultarse en la Resistencia. Todos los que participaron en un régimen criminal se adaptaron y se sometieron para conservar su puesto, añadiendo de vez en cuando un punto de rebelión para sentirse menos culpables y poder decir algún día: «No hice más que obedecer». Maurice Papon hizo lo mismo que muchos otros. Pero como funcionario celoso, enviaba las órdenes de redada una hora antes de la ejecución para que nadie pudiera escapar.[38]

En abril de 1998, fecha del veredicto, algunos cineastas habían logrado cambiar la cultura. Uno de ellos fue Claude Lanzmann, que, en su película *Shoah*, de 1985, denunciaba el crimen de la obediencia. Al conceder la palabra a los criminales y a los testimonios del genocidio, hacía mucho más que enunciar simplemente los hechos y leer los archivos. Desvelaba el mundo íntimo de los criminales de masas que se consideran inocentes. Al acabar la película, pensé que callarse era hacerse cómplice de esos criminales y de sus herederos, los negacionistas.

La era de la negación se acababa. Francia estaba reconstruida, los jóvenes sabían que, en el pasado, sus padres habían vivido una guerra. De Gaulle ya no podía decir: «Ante todas esas desgracias, el silencio y el olvido son preferibles al llanto», los judíos ya no querían callarse para no molestar a los otros. ¡Había que hablar! El contexto cultural, al suavizarse, deshelaba las palabras. Bousquet ya no podía ser inculpado porque había sido estúpidamente asesinado. Quedaba Papon. Acusado de complicidad, condenado a diez años de prisión, sabiendo que no los cumpliría, fue recriminado por haber cometido casi un crimen contra la humanidad.

Muchos amigos míos trabajaron a su lado. Hablaban muy bien de él. Decían que era trabajador, fiable, cultivado y un compañero agradable. Por supuesto, se había pasado un poco durante la guerra. Por exceso de celo, había tomado algunas decisiones que habría podido evitar, pero, me decían, no era el único, y muchos permanecieron en el poder.

La memoria de uno mismo está fuertemente vinculada a los marcos sociales. Las historias que contamos dependen de nuestra posición social y de los relatos de la cultura en que estamos inmersos.[39]

Para no morir durante la guerra, tuve que callar, guardar secreto. Luego, para adaptarme a la negación cultural de los años de posguerra, tuve que deformar el discurso, mediante alusiones y silencios que provocaban en mi entorno una sensación de extrañeza. A partir de los años ochenta, acepté con alivio las invitaciones a hablar. El mismo acontecimiento, el mismo hecho social, primero no se pudo explicar, luego se deformó y más tarde salió a la luz según los relatos del contexto.

El deshielo de las palabras

¡El proceso Papon me resultó muy útil! A partir de su primera inculpación en 1981, cuando apareció mi nombre en ciertos informes y revistas, algunos amigos sorprendidos me hicieron preguntas. Respondí de buen grado, pero no era fácil, ya que tenían una idea equivocada de los hechos. Como no tenían ninguna información acerca de la Shoah, sus preguntas eran absurdas: «Un niño no puede comprender lo que es la guerra», afirmaba amablemente una señora joven, profesora de derecho. Otra me preguntaba con ansiedad lo que habían hecho conmigo los pedófilos, ya que se hablaba mucho de esta cuestión en los medios de comunicación de los años noventa. Un empresario me decía con admiración que el hecho de haber conseguido sobrevivir demostraba que era de una cualidad biológica superior. Al acabar un tribunal de tesis, una mujer de entre el público me interpeló en voz alta: «He leído su historia en el libro de Slitinsky,[40] ¿cómo logró escapar?». Acababa de despedirme de la joven doctora y me disponía a coger el coche, ¡disponía de treinta segundos para responder!

No podía reprocharles nada a quienes me hacían esas torpes preguntas, ya que con mi silencio había contribuido a su ignorancia.

Mi infancia se hizo pública cuando hice que le concedieran la medalla de los Justos a Margot en 1997. Como tenía un carácter reservado, me pidió que organizara una ceremonia discreta. No obstante, como su marido era una figura de la vida bordelesa —ex decano de la facultad de derecho, adjunto de Chaban-Delmas, una personalidad notable—, la ceremonia no podía pasar desapercibida. Al llegar al ayuntamiento me encontré con una veintena de excombatientes con medallas y banderas, el comité Yad-Vashem,[41] una decena de periodistas y buena parte del consejo municipal.

Tal como Margot me había pedido, respondí con vaguedad a las preguntas, aunque se cometieron algunos errores que hirieron a personas a las que en modo alguno deseaba herir. Así que intervine para reparar esos malentendidos, con lo que di la impresión de que hacía pública una infancia que había ocultado.

Simplemente no había hablado de ella en un contexto en que había que callar. A partir de 1980, cuando el contexto cultural cambió gracias a las películas, artículos y documentos que explicaban con mayor o menor acierto la Shoah, me sentí feliz dejándome arrastrar al deshielo de las palabras. Por eso me sorprendió mucho que no me llamaran para testimoniar en el proceso a Papon. La mención de mi nombre fue, al parecer, supervivencia de un largo silencio. Luego se pasó a otro asunto.

Creía que había sido el único superviviente de la redada del 10 de enero de 1944. Pensaba que la mujer moribunda que tenía encima no había podido sobrevivir, no había tenido acceso a los archivos (mi negación no me había animado a buscarlos).

Hace unos meses me telefoneó Michel Schouker: «Tengo su misma edad, estuve prisionero con usted en la sinagoga de Burdeos. ¿Quiere que nos veamos?».

¿Por qué le pedí a Yoram Mouchenik[42] que asistiera al encuentro? Ese joven universitario estaba estudiando la psicología de los niños escondidos y sus trabajos me habían interesado. Hubiera podido encontrarme a solas con ese compañero superviviente. Mientras escribo estas líneas, descubro que inconscientemente le pedí a Yoram que me acompañara porque temía que no me creyeran, ¡una vez más! Cada vez que había revelado un pequeño testimonio, había suscitado la duda, la incredulidad.

Yoram acudió a la cita y estuvimos charlando alegremente con Michel. Sí, han leído bien, «alegremente» es la única manera de hablar de este asunto. Antes de la guerra, el padre de Michel era médico en el barrio del Faubourg-Poissonnière. Había comprado un viejo edificio y se lo estaban restaurando unos obreros turcos. Cuando estalló la guerra, consideró que París se estaba convirtiendo en un lugar peligroso y envió a su hijo a casa de un amigo cura, en Burdeos. Allí fue donde arrestaron al niño. Conservábamos exactamente los mismos recuerdos de la sinagoga: la selección a la llegada, las alambradas en medio del templo, los prisioneros tendidos en el suelo, la brutalidad de los soldados. Él permaneció sobre la manta, al amparo de aquella mujer y de los botes de leche condensada, y fue trasladado a Drancy, en los vagones de ganado. Su destino estaba trazado.

Fue allí donde uno de los trabajadores de su padre, reclutado para hacer unas reparaciones en el espacio que servía de prisión entre los edificios, reconoció al hijo de su jefe. Cogió al niño de la mano, se acercó a un gendarme y le dijo: «Este niño no es judío. Es mi hijo. Es musulmán». «Pues si es su hijo —dijo el gendarme—, lléveselo.»

Michel, que era médico, me comentó las dificultades que él también había tenido para explicar todo esto. De modo que, cuando se inició el proceso en Burdeos en 1997, solicitó acudir a testimoniar. Le respondieron que no se le necesitaba.

Por aquel entonces no sabía que la mujer moribunda que estaba sobre mí no había muerto. Supe más tarde que a ella tampoco la llamaron para testimoniar. No obstante, estaba conmocionada por los relatos que oía y que habían reavivado el trauma que permanecía enterrado.[43]

¡Cincuenta años después de la guerra, se nos seguía imponiendo el silencio! Pero el clima se iba suavizando, las palabras se deshelaban y los jóvenes empezaban a interesarse por la Shoah, del mismo modo que uno se interesa por la tragedia clásica. Seguía siendo difícil de explicar, porque es complicado integrar un acontecimiento anormal en una representación lógica. Apenas se enuncia una tragedia y ya se reviste con los estereotipos del contexto.

Memoria de los hechos y marcos sociales

En 1985 fui invitado al NIMH de San Diego, en Estados Unidos,[44] en compañía de Jean-Didier Vincent, el famoso neurobiólogo. Al acabar la guerra, íbamos al mismo colegio, al de monsieur Lafaye. Su padre, figura capital de la Resistencia bordelesa, había desempeñado un papel importante en la liberación de Castillon. Una noche, en torno a una mesa en la que nos contábamos nuestras infancias campesinas, dijo Vincent dirigiéndose al grupo: «Tú, Boris, fuiste arrojado por la ventanilla de un tren. Así es como pudiste escapar de los campos». Respondí que en efecto había evitado la muerte por muy poco, pero que no había sido arrojado por la ventanilla de un tren. Nadie hizo preguntas. Seguimos riendo de otras cosas.

Jean-Didier probablemente sabía que había estado escondido en la escuela de monsieur Lafaye porque él también asistía a esa escuela. Su padre, su familia o la gente de Castillon debían de habérselo comentado. Luego, a esta verdad parcial le había adherido un estereotipo cultural, quizá una imagen de película en la que se ve a una madre lanzando un bebé por la ventanilla de un «tren de la muerte». Lo que había hecho, como ocurre a menudo, era condensar dos fuentes distintas de su memoria: una palabra familiar y una imagen convencional.

Después del proceso Papon, conocí a mucha gente que me explicó su infancia. Georges Gheldman descubrió el archivo, el papel oficial, del convoy n.º 7 que envió a su madre y a la mía a la muerte en el mismo vagón.

Madame Yvette Moch me escribió una carta diciéndome que me había visto escapar. Había entrado en la sinagoga vestida con el uniforme de enfermera de la Cruz Roja para intentar salvar a su padre, según testimonió en el proceso de Papon. Y, según explica, «presencié su "evasión" protegido por la capa de la enfermera».[45] Cuando se lo comenté a madame Descoubès, la enfermera, estuvimos totalmente de acuerdo: jamás estuve bajo la capa de la enfermera. Madame Moch, en su valerosa incursión en la sinagoga, me vio solo o tratando de escaparme, ya que había realizado varios intentos antes del que tuvo éxito, y luego me vio junto a la enfermera.

Muchas personas, al hablar de mi evasión, evocaron la imagen de la capa de la enfermera. Algunos incluso, de fantasía más desbocada, afirmaron que me había escondido bajo las faldas de la enfermera. Hicieron el proceso de condensación de los recuerdos que nos arrastra a una lógica errónea. Cuando se han visto las tres patas reales de una mesa, en el recuerdo se siguen viendo las cuatro patas de esa mesa. Es una representación lógica aunque, realmente, la mesa se sostenía sobre tres patas.

La memoria traumática es un recuerdo inmovilizado que se repite sin cesar. Es una detención de la historia, una memoria muerta. Pero cuando se puede compartir el recuerdo de una penalidad sufrida, la memoria revive. Entonces nos asombramos de los arreglos que han dado coherencia a la representación de una realidad demencial, que han hecho evolucionar el recuerdo. Las cosas se ven de otra manera cuando el medio crea espacios de diálogo.

Mi contexto no estaba deshelado en 1967, cuando conocí a Pierre Marty. Yo era un joven interno en neurocirugía, en el hospital de La Pitié, cuando una mañana, sobre las ocho, los camilleros ajetreados depositaron en el suelo a una mujer con múltiples fracturas. A aquella hora, el servicio hospitalario estaba en plena actividad: los médicos acudían a sus puestos, las enfermeras transmitían órdenes, se fregaba el suelo, se preparaban las visitas, y en torno a la mujer enferma había un ir y venir constante de gente apresurada.

La supervisora me dijo que no se podía dejar a esa mujer en la camilla, había que abrir una sala de consultas y ponerla en una cama de exploración. Se hizo rápidamente. Cuando llegó el médico, se le explicó la situación, y se sentó en un sillón esperando a que termináramos la exploración. Mientras atendíamos a la mujer, la enfermera se dirigió a mí llamándome por mi nombre: «Monsieur Cyrulnik, ¿quiere que pidamos esa prueba?». Al oír mi nombre, el médico que pasaba visita dio un brinco, y se plantó delante de mis narices. La expresión es exacta: «delante de mis narices». Cuando acabó el reconocimiento y volvió la calma, me apuntó con el dedo y dijo: «Su padre se llamaba Aarón». ¿Cómo podía saber que mi padre se llamaba así? Sorprendido y feliz, se lo confirmé y le pregunté cómo sabía el nombre de mi padre. «Antes de la guerra, militábamos los dos en un movimiento antifascista», respondió. Acababa de encontrar a una persona que podía hablarme de mi padre y decirme cómo era en la vida real y no solo sobre el papel, una cruz de guerra y un certificado de desaparición en Auschwitz.

Empezaban a llegar los pacientes. Me dio su tarjeta y me pidió que le visitara. Pude leer: «Pierre Marty, psicoanalista, boulevard Saint-Germain».[46]

Nunca fui a verle.

Tenía la impresión de que si iba a hablarle de la muerte de mi padre, me vería obligado a explicar la pérdida de mi familia... ¿Qué haría con todas esas desapariciones, esas pérdidas sin duelo? ¿Llenaría la cripta de mi alma con recuerdos de los que en aquella época nadie quería oír hablar? ¿De qué servía revivir un sufrimiento ante el que nada se podía hacer? La negación me protegía a un precio humano muy elevado.

Si fuera hoy iría a verle y sería feliz conociendo a mi familia desaparecida, como lo hice con Dora cuando al final pudo hablar de su infancia y de la guerra. También ella sintió el placer de abrir su cripta cuando la cultura y la edad le dieron la posibilidad de expresarse tranquilamente.

Cambio de clima

Nathalie Zajde, de regreso a Francia (1988), explicó su experiencia norteamericana con el objetivo de comprender lo que transmitía un trauma a través de las generaciones. Cuando estuve en el tribunal de su tesis, fue ella la que me hizo descubrir que lo no-dicho protector podía alterar las relaciones.[47]

Jacques Chirac, al reconocer en 1995 los crímenes del gobierno de Vichy, cambió la manera de pensar el genocidio. Y, aunque se sorprendan, creo que cuando Papon fue acusado en 1998 de crímenes contra la humanidad, ¡colaboró en esta evolución! De buen grado se lo habría ahorrado, pero lo que se juzgó no fue el hombre, sino el misterio de un sistema social que permitió a sus responsables estampar al pie de un papel una firma que enviaba a la muerte a mil seiscientas personas, y marcharse luego a casa con la conciencia del trabajo bien hecho y la promesa de una buena carrera.

En 1944, Francia estaba poblada de varios cientos de miles de pequeños Papon. ¿Había que condenarles, a uno a diez días de prisión por haber conducido el autobús que llevaba al tren de la muerte, al otro a una multa por haber mecanografiado la lista de los que iban a detener?

No estoy hablando de los que se alistaron en las Waffen SS o en la milicia,[48] ya que estos combatían y aceptaban el riesgo de morir. No estoy hablando de los millones de cartas delatoras en las que el autor enviaba a la muerte a su propio patrono para quedarse con su negocio en el marco de la arianización de los bienes de los judíos, o del que denunciaba la identidad judía de un profesor de medicina para liberar una plaza universitaria.[49] Estos fueron soldados o delincuentes y se les debe aplicar la ley. Lo que me sorprende es la increíble sumisión de algunos hombres que son capaces de matar, simplemente para obedecer.[50]

Los judíos que llegaron a Francia en los años treinta creían llegar al país de la cultura y de los derechos humanos, al país donde la condición humana era tan admirable que el mismo Dios estaba orgulloso de sus obras. No sospechaban hasta qué punto el antisemitismo dominaba los relatos. Gobineau y Drumont, desde finales del siglo XIX, prepararon el camino al hablar de la necesidad del racismo.[51] Las novelas, las películas, las obras de teatro, las exposiciones, los periódicos y, sobre todo, las expresiones antisemitas del lenguaje diario estructuraban ese movimiento cultural.[52]

La Francia que amaba a Pétain no se escandalizó ante la Ley sobre el Estatuto de los Judíos que, desde 1940, les privaba del derecho al trabajo y a la protección. Por aquella época la gente recitaba a Maurras, se extasiaba con él ante «la obediencia serena», cantaba alegremente: «Maréchal nous voilà, devant toi, le Sauveur de la France», denunciaba el peligro del judaísmo: «Si la escuela acepta a un judío, sabrá la lengua d'Oc mejor que nosotros. Si aceptamos a ese judío excelente... nos joderán por anticipado».[53] En realidad, ese pretexto de la legítima defensa servía para legitimar la agresión contra los judíos.

El cambio de opinión se produjo, sin transición, cuando se promulgó la ley sobre el uso de la estrella en junio de 1942. De repente la representación de los judíos se transformó. Ya no se podía aceptar la imagen del judío de nariz y dedos ganchudos que le permitían apoderarse con más facilidad del oro de los biempensantes. Los judíos se convertían en personas normales: monsieur Blumen, el rubio profesor de matemáticas, monsieur Cohen, el sastre de nariz pequeña y recta, o Levi, el músico de largas manos. Esas personas reales ya no eran el soporte de fantasmas persecutorios. La Francia cristiana cambió de representación gracias al uso de la estrella amarilla y se movilizó en ayuda de los judíos. En los Países Bajos se produjo el mismo fenómeno: a partir de la obligatoriedad de llevar la estrella amarilla, con la inscripción «Jood», en abril de 1943, la población protegió a los judíos. Ese fenómeno no se produjo en Alemania o en otros países de la Europa central, porque cuando se decidió marcar a los judíos ya se estaba llevando a cabo el exterminio.

El proceso Papon no juzgó a un hombre. Los que colaboraron tuvieron que responder de sus actos en 1945, cuando se abrieron trescientos mil expedientes: fueron condenadas ciento veinticinco mil personas, de las que veinticinco mil eran funcionarios (sobre setecientos mil). Hubo doce mil fusilamientos. En cambio, se mostró mucha indulgencia con los responsables administrativos y con los colaboradores económicos y científicos. Pagaron los últimos monos, como siempre.[54]

Ese proceso no tuvo el efecto pedagógico esperado: el 82 por ciento de los encuestados aprendieron muy poca cosa sobre este período de la Ocupación. Y el 62 por ciento, al acabar el proceso, tenían las ideas menos claras sobre el papel de Papon durante la guerra.[55]

Los historiadores, llamados a declarar para decir «la verdad, toda la verdad...», no estuvieron a la altura de este cometido. Unos declinaron la invitación, como Pierre Vidal-Naquet, Michel Rajsfus o Henry Rousso. Otros aceptaron, a condición de que se les considerara simples expertos, colaboradores de la justicia y no garantes de la verdad.[56]

Sin embargo, y a pesar de estas reservas, ese proceso cambió nuestra cultura. Hoy no se juzga la colaboración igual que en 1945. Después de la guerra se creía que esos explotadores empuñaban las armas. Sesenta años más tarde, la gente se indignó ante la frialdad y la tecnicidad de sus crímenes racistas. El efecto pedagógico fue retardado. Fue preciso que los historiadores, los filósofos, los testigos y los artistas elaboraran los hechos que salieron a la luz en este proceso para que nuestra cultura aprendiera a hablar de ellos.

Ni odio ni perdón

Ese proceso que me avergonzaba resultó muy beneficioso para mí. Casi todo el mundo hablaba de él con curiosidad y a veces con indignación. Oía decir: «No vale la pena juzgar a Papon, hay que matarlo inmediatamente». A lo que otros respondían: «No es culpable de nada, hay que dejarlo en libertad».

¡Por fin se hablaba!

Me hicieron preguntas, se interesaron, sorprendieron, maravillaron, apiadaron: mi cripta ya no tenía razón de existir puesto que me daban la palabra. Pude explicar, si se terciaba, dos o tres cosas sobre la destrucción de mi infancia y mis esfuerzos por vivir. Cuando charlaba me convertía en una persona como las demás. Resulta extraño escribir esto, puesto que callar me provocaba el mismo malestar que hablar. Ni siquiera hablando era como todo el mundo. Cómo responder a «¿Las personas que le protegieron abusaron de usted? ¿Los Justos que no fueron deportados colaboraron? ¿Odia usted a Papon? ¿Ha perdonado?».

Ni odio ni perdón.

Nadie solicitó mi perdón, excepto tal vez los jóvenes alemanes que todavía se sienten culpables de los crímenes cometidos por sus abuelos. ¿Por qué me piden perdón? Cuando un hombre viola a una mujer, no se mete en la cárcel a su hijo.

Todas las religiones piden perdón por un daño intencionado o involuntario que se hace al prójimo. Los judíos tienen el Yom Kippur (la fiesta del Perdón). Los ortodoxos se piden perdón entre sí, se llaman por teléfono y se invitan a cenar. El Corán enseña que «una palabra agradable y un perdón valen más que una limosna» (sura 2, 163).

No sentimos la necesidad de conceder el perdón a la catástrofe natural que quemó nuestros bosques o inundó nuestras cosechas. No sentimos odio por un fenómeno de la naturaleza, simplemente desconfiamos. Y para prevenirnos en un futuro, tratamos de comprenderlo para controlarlo mejor. No se trata de identificarse con el agresor, como hacen ciertas víctimas que envidian el puesto de verdugo, sino de identificar al agresor, como hace el campesino arruinado por una inundación que se convierte en especialista en hidrología.

Algo así es lo que siento cuando pienso en el nazismo o en el racismo. Esos hombres aceptan una representación aislada de la realidad. Se indignan ante la idea que se hacen de los otros: muerte a los parásitos, a los negros, a los judíos, a los árabes, a los auverneses y a los zazús. Actúan para obedecer a esta representación absurda. La sumisión que les une les proporciona una extraña sensación de fuerza: «Nuestro jefe venerado es poderoso gracias a nuestra obediencia».

Para mí, no se trata de elegir entre castigar o perdonar, sino entre comprender para ganar un poco de libertad o someterse para experimentar la felicidad en la esclavitud.[57] Odiar es permanecer prisionero del pasado. Para superarlo, es preferible comprender que perdonar.

Estoy muy sorprendido de haber escrito este libro.

No quería escribir una autobiografía en la que el encadenamiento de los hechos compusiera un relato de victorias o un alegato, pero no me esperaba escribir una defensa de la identidad judía que, en la vida diaria, ocupa poco lugar en mis pensamientos.

Partiendo de mi detención, en enero de 1944, he ido tirando del hilo, como de una madeja. Empieza con «la prefectura me hizo detener» y termina con «Papon fue condenado». Es demasiado bonito para ser verdad. Y, sin embargo, les puedo asegurar que he comprobado mis fuentes y las he comparado con otros testimonios.

He sacado la conclusión de que toda memoria, todo relato de uno mismo es una representación de su pasado. Pero no se inventa a partir de nada, no se puede contar nada si no se ha vivido nada. Se necesita algo verdadero para buscar en la memoria y encontrar aquello que permite hacer una representación, en el teatro interior.

La desgracia de la guerra me enseñó el arte del silencio. Cuando mi cultura me ha devuelto por fin la palabra, he comprendido el sentido del camino que he recorrido.

La mujer de Lot puede hoy darse la vuelta, contemplar su pasado y caminar luego hacia la felicidad sin ser transformada en estatua de sal.

El incendio está extinguido… tal vez.

Notas

1. La guerra a los seis años

1. Documentos Archives Slitinsky proporcionados por el doctor Erick Aouizerate.

2. J. Semprún, *L'Écriture ou la vie*, París, Gallimard, 1994, p. 149 (hay trad. cast.: *La escritura o la vida*, Barcelona, Tusquets, 1997, p. 155).

3. G. Perec, *W ou le Souvenir d'enfance*, París, Denoël, 1975; París, Gallimard, «L'Imaginaire», 1993. Libro dedicado a la *desaparición*, título de otro libro en el que lo que ha desaparecido es la vocal «e», como «ellos, mis padres» (hay trad. cast.: *W, o El recuerdo de la infancia*, Barcelona, El Aleph, 2003).

4. Regimiento de los voluntarios extranjeros. De once mil soldados, siete mil quinientos murieron el 8 de junio de 1940, delante de Soissons.

5. STO: Servicio de trabajo obligatorio. Varios millones de hombres, prisioneros de los nazis, fueron reclutados para este trabajo forzoso. En Francia, había carteles que «invitaban» a los hombres a trabajar en Alemania para alimentar a su familia.

6. Supe mucho más tarde que este estudiante se llamaba Jacques de Léocard y que se había convertido en abogado.

7. Se trata de una escena extraña. Prácticamente todos los conventos y hasta las instituciones colaboracionistas escondieron niños judíos. Testimonio: *Les Enfants cachés*, Mémorial de la Shoah, 1 de julio de 2012.

8. De dorífora: insecto coleóptero con bandas negras en los élitros que devora las hojas de las patatas, como los alemanes cuando requisaban las cosechas.

9. P. Brenot, ed., *Langages. De la cellule à l'homme*, París, L'Harmattan, 1989.

10. Valérie Blanché, *Le Secret de Mamie. «Le petit»*, texto que me dio Valérie, 2011.

11. B. Cyrulnik, *Je me souviens*, París, Odile Jacob, «Poches Odile Jacob», 2010 (hay trad. cast.: *Me acuerdo: el exilio de la infancia*, Barcelona, Gedisa, 2010).

12. M. Gleitzman, *Un jour*, Les Grandes Personnes, citado por Rachel Drezdner, doctoranda, Toulon-Nantes, 2012.

13. S. Stewart, *Mémoire de l'inhumain. Du trauma à la créativité*, prólogo de Joyce McDougall, París, Campagne Première, 2009.

14. M. Braunschweig y B. Gidel, *Les Déportés d'Avon. Enquête autour du film de Louis Malle, Au revoir les enfants*, París, La Découverte, 1989, p. 35.

15. B. Matot, *La Guerre des cancres. Un lycée au coeur de la Résistance*, París, Perrin, 2010, p. 221.

16. Testimonio de Charles Louis La Caze, alumno de quinto curso, en la misma clase que Louis Malle y «Jean Bonnet», en M. Braunschweig y B. Gidel, *Les Déportés d'Avon*, ed. cit., p. 35.

17. Testimonio de Guy de Vogüé, alumno de tercero del mismo colegio en 1944, encuesta de los alumnos del colegio público de Avon.

18. B. Matot, *La Guerre des cancres*, ed. cit., p. 221.

19. Louis Malle, carta personal, diciembre de 1988. Buscando en los archivos, descubro que «Jean Bonnet» fue alumno del liceo Jacques-Decour al que yo iría después de la guerra, y fue detenido el 15 de enero de 1944, cinco días después de que me detuvieran a mí.

20. D. L. Schacter, *À la recherche de la mémoire. Le passé, l'esprit et le cerveau*, Bruselas, De Boeck Université, 1999, p. 24.

21. K. J. Dudley, L. Xiang, M. S. Kobor, T. E. Kippin y T. W. Bredy, «Epigenetic mechanisms mediating vulnerability and resilience to psy-

chiatric disorders», *Neuroscience and Biobehavioral Rewiews*, 35, 7, 2011, pp. 1.544-1.551.

22. T. W. Bredy y M. Barad, «The histone deacetylase inhibitor valproic acid enhances acquisition, extinction, and reconsolidation of conditioned fear», *Learning Memory*, 15, 2008, pp. 39-45.

23. Conservo el anglicismo apego «seguro» para indicar que ese niño ha adquirido un sentimiento de seguridad, aunque esté solo; mientras que un niño securizado necesita tener a su figura de apego cerca para sentirse bien.

24. M. Gilbertson, L. A. Paulus y S. K. Williston, «Neurocognitive function in monozygotic twins discordant for combat exposure: Relationship to posttraumatic stress disorder», *Journal of Abnormal Psychology*, 115, 3, 2006, pp. 484-495.

25. K. W. Samuelson, «Post-traumatic stress disorder and declarative memory functioning: A review», *Dialogues in Clinical Neuroscience*, vol. 13, n.° 3, 2011, pp. 346-351.

26. G. E. Johnsen y A. E. Asbjørnsen, «Consistent impaired verbal memory in PTSD: A meta-analysis», *Journal of Affective Disorders*, 111, 1, 2008, pp. 74-82.

27. J. D. Bremner, E. M. Vythilingham, E. Vermetten *et al.*, «MRI and PET study of deficits in hippocampal structure and function in women with childhood sexual abuse and posttraumatic stress disorder», *The American Journal of Psychiatry*, 160, 2003, pp. 924-932.

28. J. M. Williams, T. Baruhofert *et al.*, «Autobiographical memory specificity and emotional disorder», *Psychological Bulletin*, 133 (1), 2007, pp. 122-148.

29. M. Nowak, *La Banquière de l'espoir*, París, Albin Michel, 1994, p. 126.

30. D. L. Schacter, *À la recherche de la mémoire*, ed. cit., p. 130.

31. E. F. Loftus y J. E. Pickrell, «The formation of false memories», *Psychiatric Annals*, 25, 1995, pp. 720-725.

32. D. Peschanski, Seminario Ardix, París, 6 de febrero de 2012.

2. Una paz dolorosa

1. Fue detenida en Burdeos el 18 de julio de 1942 y abandonó Drancy para ir a Auschwitz en el convoy n.° 7.

2. Janine Altounian también habla de «sudario del texto» cuando escribe sobre el genocidio armenio (J. Altounian, *La Survivance. Traduire le trauma collectif*, París, Dunod, 2000).

3. J. Altounian, «Passion et oubli d'une mémoire collective mise au travail dans la cure et l'écriture», en «Devoir de mémoire: entre passion et oubli», *Revue Française de Psychanalyse*, vol. 64, n.° 1, 2000, p. 12.

4. P. Levi, *Si c'est un homme*, París, Robert Laffont, 1958, p. 22 (hay trad. cast.: *Si esto es un hombre*, Barcelona, Muchnik, 2009).

5. A. Fraitag, «Un point d'histoire (sainte)», *Avocats et Droit*, n.° 19, enero-febrero de 2007, pp. 64-65.

6. *Histoire de la Sainte Bible*, por M. abad Cruchet, Tours, Alfred Mame et Fils, 1929.

7. Ese cántico que entusiasmó a millones de niños y adultos partidarios de Pétain era obra de André Montagnard y Charles Courtois. Fue escrito por Casimir Oberfeld, judío nacido en Polonia y muerto en Auschwitz en 1945. Ese compositor les gustaba mucho a Joséphine Baker, Mistinguett y Fernandel cuando cantaba *Félicie aussi*.

8. En mi recuerdo aparece Saint-Jean-Royan. En realidad, se trata sin duda de Saint-Jean-en-Royans, al norte de Drôme.

9. M. Kurban y N. Sweidy, «Les caracteristiques de l'intervention psychologique à Baalbeck», en Myrna Gannagé, Association pour la Protection de l'Enfant de la Guerre, encuentro en Beirut, 24 de febrero de 2012.

10. *Ibidem*.

11. M. Main, «Epilogue. Attachment theory», en J. Cassidy y P. R. Shaver, eds., *Handbook of Attachment*, Londres, The Guilford Press, 1999, p. 846.

12. M. Lemay, «Résister: rôle des determinants affectifs et familiaux», en B. Cyrulnik, *Ces enfants qui tiennent le coup*, Revigny-sur-Ornain, Hommes et perspectives, 1998, p. 40.

13. R. Duroux y C. Milkovitch-Rioux, *J'ai dessiné la guerre. Le regard de François et Alfred Brauner*, Clermont-Ferrand, Presses Universitaires Blaise-Pascal, 2011.

14. *Enfances en guerre, photos et dessins*, coloquio Unesco, Rose Duroux, Catherine Milkovitch-Rioux, 7-9 de diciembre de 2011.

15. Rithy Panh con Christophe Bataille, *L'Élimination*, París, Grasset, 2012.

16. N. Abraham y M. Törok, *L'Écorce et le Noyau*, París, Flammarion, 1987; 2009.

17. J. Betbeze, seminario Ardix, París, 1 de febrero de 2011.

18. P. Valéry, *Mauvaises pensées et autres*, citado en C. André, *Méditer, jour après jour*, París, L'Iconoclaste, 2011, p. 114.

19. M. G. Barbin, comunicación personal, agosto de 2010.

20. F. Boulard, *Les Représentations résilientes «autotutorantes» dans l'échafaudage des savoirs d'un être socialement détruit*, máster 2, Nantes, Sciences de l'Éducation, 2011.

21. J. Bialot, *Votre fumée montera vers le ciel*, París, L'Archipel, 2011, p. 262.

22. El oficio de educador social no existía en los años de posguerra. Se llamaban «monitores». Utilizo la palabra «educador» porque es la que hoy en día designaría esta función.

23. P. Gorwood, ed., *Mesurer les événements de vie en psychiatrie*, París, Masson, 2004, p. 110.

24. H. S. Akiskal, «New insights into the nature and heterogeneity of mood disorders», *The Journal of Clinical Psychiatry*, 1989, 50, pp. 6-10.

25. G. H. Brown, T. O. Harris y M. J. Eales, «Social factors and comorbidity of depressive and anxiety disorders», *British Journal of Psychiatry Supplement*, 30, 1996, pp. 50-57.

26. S. Freud [1938], «Compendio del psicoanálisis», en *Obras completas*, Madrid, Biblioteca Nueva, 1968, vol. III, y J. Laplanche y J.-B. Pontalis, *Diccionario de psicoanálisis*, Barcelona, Paidós, 1996.

27. Inspirado por Bee, H. y F. Boyd, *Psychologie du développement*, Bruselas, De Boeck, 2003.

28. Philippe Brenot, psiquiatra, antropólogo, director de estudios en la universidad. Excelente músico, mientras estudiaba medicina ganó algo de dinero tocando en los bailes de pueblo.

29. E. F. Loftus y J. C. Palmer, «Reconstruction of automobile destruction: An example of the interaction between language and memory», *Journal of Verbal Learning and Verbal Behavior*, 13, 5, 1974, pp. 585-589.

30. Regalo del doctor Aouizerate, *La Synagogue de Bordeaux*, Burdeos, Consistorio israelí de Burdeos, Éditions Le Bord de l'eau, 2002.

31. Archivos Slitinsky: «Lista de los niños judíos detenidos de noche entre el 1 y el 16 de julio de 1942. Madre detenida en su casa. Padre mutilado, detenido en el hospital Saint-André».

32. *La Synagogue de Bordeaux*, ed. cit., p. 44.

33. Groupe de Recherches Historiques et de Sauvetage Archéologique du Castillonnais (GRHESAC), *Castillon à l'heure allemande (1939-1945)*, 2005; y D. Lormier, *Aquitaine 1940-1945. Histoire de la Résistance*, Montreuil-Bellay, CMD, 2000.

34. Testimonio de Philippe Naud, GRHESAC, *Castillon à l'heure allemande (1939-1945)*, ed. cit., pp. 190-191.

35. Testimonio de Arman Rebeyrol, GRHESAC, *Castillon à l'heure allemande (1939-1945)*, ed. cit., p. 193.

36. GRHESAC, *Castillon à l'heure allemande (1939-1945)*, ed. cit., p. 188.

37. En alemán y en yídish, cuando se quiere hablar de un hombre estimable, se le llama *Mensch*.

38. G. Tillion, *Une opérette à Ravensbrück*, París, Éditions de la Martinière, introducción de Claire Andrieu, 2005, p. 5.

3. Memoria herida

1. R. C. Schank y R. P. Abelson, *Scripts, Plans, Goals and Understanding: An Inquiry Into Human Knowledge Structures*, Hillsdale, Erlbaum, 1977.

2. K. Nelson, *Event Knowledge: Structure and Function in Development*, Hillsdale, Erlbaum, 1986.

3. S. Ionescu, M. M. Jacquet y C. Lhote, *Les Mécanismes de défense. Théorie et clinique*, París, Nathan Université, 1997, p. 148.

4. A. Lejeune y L. Ploton, «Résilience et vieillissement», en B. Cyrulnik y G. Jorland, *Résilience. Connaissances de base*, París, Odile Jacob, 2012, pp. 127-128.

5. D. Offer, M. Kaiz, K. I. Howard y E. S. Bennett, «The altering of reported experiences», *J. Am. Acad. Child Adolesc. Psychiatry*, 39, 6, 2000, pp. 735-742.

6. J.-Y. Tadié y M. Tadié, *Le Sens de la mémoire*, París, Gallimard, 1999.

7. Ch. Baudelaire, *Les Fleurs du mal*, 1857, París, Gallimard, «Folio», 2004 (hay trad. cast.: *Las flores del mal*, Madrid, Cátedra, 2000).

8. S. C. Thompson y A. S. Janigian, «Life schemes: A framework for understanding the search of meaning», *Journal of Social and Clinical Psychology*, 7, 1988, pp. 260-280.

9. D. Houzel, M. Emmanuelli y F. Moggio, eds., *Dictionnaire de psychopathologie de l'enfant et de l'adolescent*, París, PUF, 2000, p. 470 (hay trad. cast.: *Diccionario akal de psicopatología del niño y del adolescente*, Madrid, Akal, 2006).

10. Testimonio frecuente en los niños escondidos judíos, ruandeses o niños republicanos españoles que se sorprenden de su repentino despertar intelectual. Débiles cuando el caos destruía su medio, la agudeza intelectual reaparece cuando se ven envueltos en una seguridad afectiva.

11. S. Ferenczi, *Le Traumatisme*, París, Payot, «Petite Bibliothèque Payot», 2006.

12. G. Perec, *W ou le Souvenir d'enfance*, París, Denoël, 1975; París, Gallimard, «L'Imaginaire», 1993 (hay trad. cast.: *W, o El recuerdo de la infancia*, Barcelona, El Aleph, 2003).

13. J. Bialot, *Votre fumée montera vers le ciel*, París, L'Archipiel, 2011, p. 166.

14. Bola de cristal jaspeado que imita una piedra preciosa con la que se hacen los camafeos.

15. B. Patsalides-Hofmann, «Traversées de silences», *Mémoires*, n.º 55, marzo de 2012, p. 9.

16. C. Delbo, *Auschwitz et après*, tomo 2: *Une connaissance inutile*, París, Minuit, 1970, y tomo 3: *Mesure de nos jours*, París, Minuit, 1971.

17. Georges Perec es el campeón de los puntos suspensivos. Cada vez que este escritor llega a un recuerdo imposible, escribe (...).

18. N. Zajde, *Les Enfants cachés en France*, París, Odile Jacob, 2012.

19. (No siempre.)

20. Doscientos mil «resucitados» en toda Europa.

21. FTP-MOI: Francotiradores y Partisanos-Mano de Obra Inmigrada. Muchos judíos comunistas de Europa central y armenios lucharon juntos. Sus atentados contra el material militar y los oficiales superiores constituían una resistencia armada y no un acto de terrorismo contra inocentes. El más famoso es el grupo Manouchian.

22. Fue en 1985 cuando en la película de Claude Lanzmann se propuso ese término hebreo para designar el asesinato en masa de los judíos de Europa. Se trata de un documento de nueve horas y quince minutos que rompe con todas las formas de representación que se habían utilizado hasta entonces.

23. *Le Père tranquille*, película de René Clément, 1946.

24. G. Bensoussan, J.-M., Dreyfus, E. Husson y J. Kotek, eds., *Dictionnaire de la Shoah*, París, Larousse, 2009, p. 229.

25. *Les Juifs ont résisté en France. 1940-1945*, coloquio de historiadores y testimonios, AACCE, rue Paradis, París, 2009.

26. É. de Fontenay, *Actes de naissance. Entretiens avec Stéphane Bou*, París, Seuil, 2011.

27. N. Zajde, *Guérir de la Shoah*, París, Odile Jacob, 2005.

28. El *dybbuk* es un espíritu asquenazí: es un muerto al que se impide reunirse con los muertos. Entonces se «pega» al alma de una persona a la que pide que repare sus culpas. No está ni muerto ni vivo: ha desaparecido.

29. *La Bataille du rail*, película de René Clément, 1946.

30. J. Bialot, *Votre fumée montera vers le ciel*, ed. cit., p. 262.

31. Según los archivos, la cifra precisa es de once mil fusilados.

32. J.-G. Carasso, *Nous étions des enfants*, DVD, Comité «École de la rue Tlemcen», L'Oizeau Rare, 2012.

33. *Noche y niebla*, película de Alain Resnais, 1955.

34. *El gran dictador*, película de Charles Chaplin, 1940 en Estados Unidos; 1945 en Francia; no se estrenó en España hasta 1976.

35. *El diario de Ana Frank*, película de George Stevens, 1959.

36. A. Schwarz-Bart, *Le dernier des Justes*, París, Seuil, 1959 (hay trad. cast.: *El último justo*, Barcelona, Seix Barral, 1959).

37. M. Proust, *À l'ombre des jeunes filles en fleur*, París, Gallimard, 1919 (hay trad. cast.: *A la sombra de las muchachas en flor*, Barcelona, Lumen, 2001).

38. ¡Fíjense! No he osado escribir «mi detención, mi persecución, mis fracturas afectivas». Es mucho más fácil hablar de uno mismo en tercera persona. Se mantiene a distancia la emoción.

39. D. L. Schacter, «Constructive memory: Past and future», *Dialogues in Clinical Neuroscience*, vol. 14, n.° 1, 2012, pp. 7-18.

40. D. R. Addis, L. Pan, M. A. Vu, N. Laiser y D. L. Schacter, «Constructive episodic simulation of the future and the past: Distinct subsystems of a core brain network mediate imagining and remembering», *Neuropsychologia*, 47, 11, 2009, pp. 2.222-2.258.

41. N. Abraham y M. Törok, *L'Écorce et le Noyau*, ed. cit. Este libro constituye la mejor teorización psicoanalítica de la noción de «cripta».

42. El 7 de noviembre de 1938, un joven judío de diecisiete años expulsado de Alemania mató en París al secretario de la embajada de Alemania. La noche del 9 al 10 de noviembre de 1938, orquestado por Goebbels y con el consentimiento de Hitler, un inmenso pogromo incendió 319 sinagogas, linchó a varios miles de personas y envió a treinta mil judíos a los primeros campos de concentración. La destrucción de los comercios explica el nombre que se dio a ese pogromo: la Noche de los Cristales Rotos.

43. Citado en A. Dayan Rosenman, *Les Alphabets de la Shoah. Survivre. Témoigner. Écrire*, París, CNRS Éditions, 2007.

44. J. Semprún, *L'Écriture ou la vie*, París, Gallimard, 1994, p. 260 (hay trad. cast.: *La escritura o la vida*, Barcelona, Tusquets, 1997, p. 268).

45. Ka. Tzetrnik, *Les Visions d'un rescapé ou le Syndrome d'Auschwitz*, París, Hachette, 1990.

46. G. Perec, *Entretiens et conférences*, tomo 2: *1979-1981*, D. Bertelli y M. Ribière, eds., Nantes, Joseph K., 2003, p. 172.

47. C. Reggiani, «Perec avant l'Oulipo», en «Georges Perec», revista *Europe*, enero-febrero de 2012, p. 30.

48. G. Perec, *W ou le Souvenir d'enfance*, ed. cit.

49. R. Delemazure e Y. Seité, «Perec dans le XVIIIe siècle», en «Georges Perec», revista *Europe*, enero-febrero de 2012, p. 212.

50. D. Bellos, *Georges Perec. Une vie dans les mots*, París, Seuil, 1994, p. 85.

51. B. Cyrulnik, «Les muets parlent aux sourds», *Le Nouvel Observateur*, número especial «La mémoire de la Shoah», diciembre 2003-enero 2004, pp. 52-55, y R. Waintrater, *Sortir du génocide. Témoigner pour réapprendre à vivre*, París, Payot, 2003.

52. E. Cioran, *Cahiers, 1957-1972*, París, Gallimard, 1997, p. 668 (hay trad. cast.: *Cuadernos, 1957-1972*, Barcelona, Tusquets, 2012).

53. E. Cioran, *Œuvres*, París, Gallimard, 1995; París, Gallimard, «Quarto», p. 728.

54. R. Rosenblum, «Peut-on mourir de dire?», *Revue Française de Psychanalyse*, vol. 64, n.° 1, 2000.

55. G. Vincent, «Être communiste, une manière d'être», en P. Ariès y G. Duby, *Histoire de la vie privée*, tomo 5: *De la Première Guerre Mondiale à nos jours*, París, Seuil, 1987, p. 431.

56. A. Adelman, «Mémoire traumatique et transmission intergénérationnelle des récits de l'Holocauste», en «Devoir de mémoire: entre passion et oubli», *Revue Française de Psychanalyse*, vol. 64, n.° 1, 2000, pp. 221-245.

57. J.-M. Monteil, *Soi et le contexte*, París, Armand Colin, 1993, p. 56.

58. R. Waintrater, *Sortir du génocide*, ed. cit., p. 189.

4. La huella de los otros

1. J.W. Pennebaker, *Opening Up: The Healing Power of Confiding in Others*, Nueva York, Morrow, 1990.

2. M.Vitry y C. Duchet, «Résilience après de grandes catastrophes: articulation du singulier et du collectif», en S. Ionescu, ed., *Traité de résilience assistée*, París, PUF, 2011, p. 449.

3. C. Duchet y A. Payen, «Intervention médico-psychologique *in situ* lors de la guerre civile du Congo par la cellule d'urgence médico-psychologique de Paris: octobre 1997», *Médecine de catastrophe-Urgences collectives*, vol. 2, n.os 5-6, 1999, pp. 192-196.

4. La guerra árabe-israelí empezó con la decisión de la ONU de crear dos estados —palestino e israelí— el 29 de noviembre de 1947. El 7 de enero de 1949 acabó la guerra dejando tras de sí dos mil muertos árabes, seis mil muertos judíos y seiscientos mil palestinos expulsados de sus tierras.

5. E. Barnavi, ed., *Histoire universelle des Juifs*, París, Hachette, 1992, pp. 230-231.

6. Adolf Eichmann organizó el expolio y la deportación de los judíos de Europa hacia los centros de exterminio de Polonia. Refugiado en Argentina, fue capturado por los servicios secretos israelíes, juzgado en Jerusalén y condenado a muerte en 1962.

7. S. Friedländer, *Quand vient le souvenir*, París, Seuil, 1978, p. 69.

8. OSE: Obra de Socorro a la Infancia. Esta asociación salvó a muchos niños durante la guerra. En ella se abordaba el problema de la persecución de los judíos, mientras que en otras instituciones como la CCE (Comisión Central de la Infancia) se prefería contemplar un futuro radiante.

9. H. Parens, *Le Retour à la vie. Guérir de la Shoah, entre témoignage et résilience*, París, Tallandier, 2010.

10. B. Rimé, «Mental rumination, social sharing, and the recovery from emotional exposure», en J. W. Pennebaker, ed., *Emotion, Disclosure and Health*, American Psychological Association, 1995, pp. 271-292.

11. M. Slitinsky, *L'Affaire Papon*, París, Alain Moreau, 1983, p. 131.

12. J. W. Pennebaker y B. L. Banasik, «On the creation and maintenance of collective memories: History as social psychology», en J. W. Pennebaker, J. Paez y B. Rimé, eds., *Collective Memory of Political Events*, Nueva York/Londres, Psychology Press, 1997, pp. 3-18.

13. En la primavera de 1967, Nasser, el rais egipcio, reagrupó sus ejércitos en el Sinaí para prestar ayuda a Siria. Pidió a los Cascos Azules que se fueran, cerró los estrechos de Tirán y estableció un acuerdo de guerra con Jordania e Irak. Israel se quedó aislado en el escenario internacional. En unos pocos días, Israel rompió la coalición árabe y se apoderó del Sinaí, del Golán, de Cisjordania y de la mitad árabe de Jerusalén.

14. D. Frischer, *Les Enfants du silence et de la reconstruction. La Shoah en partage*, París, Grasset, 2008, pp. 104-105.

15. J.-C. Snyders, *Drames enfouis*, París, Buchet-Chastel, 1997.

16. M. Rajsfus, *Opération étoile jaune*, París, Le Cherche Midi, 2012, p. 78.

17. *Ibid.*, p. 94.

18. S. Ionescu y A. Muntean, «La résilience en situation de dictadure», en S. Ionescu, ed., *Traité de résilience assistée*, ed. cit., p. 531.

19. El nombre de la madre de Georges Perec era Sulewicz, que en yídish significa *Schule* («escuela») *Witz* («espíritu»).

20. *Gringoire*: semanario fundado en la década de 1930 para servir de apoyo a la Acción Francesa favorable al fascismo. Esta publicación panfletaria sostenía que los judíos habían provocado la guerra mundial para ganar más dinero.

21. Maurice Papon, alto funcionario (1913-2009), condenado en 1998 por «complicidad en los crímenes contra la humanidad».

22. G. Bensoussan, J.-M. Dreyfus, E. Husson y J. Kotek, eds., *Dictionnaire de la Shoah*, París, Larousse, 2009, p. 427.

23. G. Boulanger, *Maurice Papon. Un Technocrate français dans la collaboration*, París, Seuil, 1994.

24. S. Ionescu, M.-M. Jacquet y C. Lhote, *Les Mécanismes de défense. Théorie et clinique*, París, Nathan Université, 1997, pp. 247-256.

25. L. Bègue, *Psychologie du bien et du mal*, París, Odile Jacob, 2011, p. 47.

26. H. Welzer, *Les Exécuteurs. Des hommes normaux aux meurtriers de masse*, París, Gallimard, 2007, p. 222.

27. A. Palacz, *Il fait jour à Jérusalem suivi de l'Exil des orphelins*, Jerusalén, Ivriout, 2004.

28. *El viejo y el niño*, película de Claude Berri, con Michel Simon, 1966.

29. B. Cyrulnik, «Mon père était un dictateur...», *Le Figaro Magazine*, 17 de junio de 2006, pp. 35-40.

30. *Ibidem.*

31. Mari Carmen Rejas-Martín, *Témoigner du trauma par l'écriture*, tesis doctoral de 3.er ciclo, Universidad de Reims, 9 de junio de 2011, p. 55.

32. «Les bébés volés sous Franco», *La Libre Belgique*, 2 de febrero de 2011.

33. He encontrado este libro en mi biblioteca: G. Duhamel, *Biographie de mes fantômes*, París, Paul Hartmann, 1948. ¡Es el diario de un estudiante de medicina!

34. UJRF: Unión de la Juventud Republicana de Francia, organismo precursor de las Juventudes Comunistas.

35. *Scheine Ynk*: «Guapo niño», en yídish.

36. M. Grappe, «Les enfants et la guerre, un regard clinique», en «Enfances en guerre», *Vingtième siècle, Revue d'Histoire*, n.° 89, enero-marzo de 2006, pp. 93-98.

37. M. Grappe, «Les enfants et la guerre, un regard clinique», art. cit.

38. R. Duroux y C. Milkovitch-Rioux, *J'ai dessiné la guerre. Le regard de Françoise et Alfred Brauner*, Clermont-Ferrand, Presses Universitaires Blaise-Pascal, 2011.

39. T.G. O'Connor y M. Rutter, The English and Romanian adoptees Study Team, «Attachment disorder behavior following early severe deprivation: Extension and longitudinal follow-up», *Journal of the American Academy of Child and Adolescent Psychiatry*, 39, 6, 2000, pp. 703-712.

40. G. Bachelard, *La Poétique et la Rêverie*, París, PUF, 1960 (hay trad. cast.: *La poética de la ensoñación*, México, Fondo de Cultura Económica, 1982).

41. P. Modiano, prólogo a B. Matot, *La Guerre des cancres*, ed. cit.

42. M. Tousignant, «La culture comme source de résilience», en B. Cyrulnik y G. Jorland, *Résilience. Connaissances de base*, París, Odile Jacob, 2012, pp. 137-151.

43. Lendemains, OSE, *Lettres d'enfants publiées de juin 1946 à avril 1948*, París, 2000, tomo I, p. 31.

44. E. Morin, *Mes démons*, París, Stock, 1994.

45. M. Rufo, citado en N. Mascret, *N'oublions pas les bons profs*, París, Anne Carrière, 2012, p. 81.

46. JEC: Juventudes de Estudiantes Cristianos.

47. Tema de la película *Lacombe Lucien*, de Louis Malle. Esta película fue duramente criticada; sin embargo, describe una situación real.

48. B. Matot, *La Guerre des cancres. Un lycée au coeur de la Résistance*, París, Perrin, 2010.

5. Palabras heladas

1. Mainate: pájaro negro de Malaisia de pico anaranjado. Es capaz de cantar *La marsellesa* y de imitar la palabra humana con una habilidad sorprendente.

2. P. Jeammet, «Souffrir pour exister: conduites pathologiques à l'adolescence», *Abstract Psychiatrie*, n.º 6, abril de 2005.

3. M. Weill, «Camps de la mort: 50 ans après», *Abstract Neurologie et Psychiatrie*, n.º 120, septiembre-octubre de 1994.

4. S. Erlinger, *Parcours d'un enfant caché (1941-1945). Une enfance aux Mardelles*, París, Éditions Le Manuscrit, 2012.

5. M. Weill, «Camps de la mort: 50 ans après», art. cit.

6. R. Robinson *et al.*, «The present state of people who survived the Holocaust as children», *Acta Psychiatrica Scandinavia*, 89, 1994, pp. 242-245.

7. J.-P. Pourtois y H. Desmet, *L'Éducation implicite*, París, PUF, 2004.

8. Emilio Salguiero (Lisboa) distingue entre los tutores de resiliencia explícita (psicólogos, educadores) que se proponen al niño y los

tutores de resiliencia implícita que son elegidos por el niño (deportistas, artistas o compañeros).

9. He escrito Dubout porque es el nombre que recuerdo. Me veo en casa de Gilbert, hojeando un gran libro con ese dibujo concreto. Pero creo que Dubout solo ilustró las obras de Rabelais, Villon y Pagnol. Probablemente he hecho converger, como hace todo el mundo, dos fuentes diferentes de memoria visual.

10. L. A. Kirkpatrick y C. Hazan, «Attachment styles and close relationships: A four-year prospective study», *Personal Relationships*, 1, 2, 1994, pp. 123-142.

11. CCE: Comisión Central de la Infancia. Fundada después de la guerra para acoger a niños huérfanos judíos y organizar colonias de vacaciones. Fueron acogidos unos quince mil niños aproximadamente.

12. FTP: Francotiradores y Partisanos, de los que un 90 por ciento eran judíos comunistas y un 10 por ciento armenios y otros cristianos.

13. *Chant des partisans*, de Joseph Kessel y Maurice Druon.

14. PCB: «Physique, Chimie, Biologie». Antiguamente, curso preparatorio para acceder a los estudios de medicina.

15. F. Vaillant, *Roland Topor ou le Rire étranglé*, París, Buchet-Chastel, 2007.

16. La UJRF, la Unión de Juventudes Republicanas Francesas se convirtió en el Movimiento de la Juventud Comunista en 1956.

17. P. Bustany, «Neurobiologie de la résilience», en B. Cyrulnik y G. Jorland, *Résilience. Connaissances de base*, París, Odile Jacob, 2012, p. 59.

18. Aceptamos esta afirmación que evitaba citar, entre otras, *Robin Hood* (1938), *El mago de Oz* y *Lo que el viento se llevó* (1939).

19. «Georghiu Dedj, defensor de la paz y del pueblo.»

20. D. Lecourt, *Lyssenko. Histoire réelle d'une «science prolétarienne»*. Con un sorprendente prólogo de Louis Althusser, que habla de «gigantesco error [del marxismo], enterrado tras sus millones de víctimas» (París, François Maspero, 1976, p. 14; hay trad. cast.: *Lysenko: historia real de una «ciencia proletaria»*, Barcelona, Laia, 1978).

21. No fue Beria el que organizó ese complot, ya que él mismo estaba en el punto de mira. Stalin planteó la cuestión en 1952, pero fue

Pravda el que, en un artículo del 13 de enero de 1953, denunció el «complot». Información personal, Denis Peschansky.

22. *Clarté*: periódico de la Unión de Estudiantes Comunistas que sucedió a *Avant-Garde*, diario de la UJRF. En él se podían leer artículos antiestalinistas.

23. P. Hachet, «Le mensonge indispensable: le mythe», *Le Journal des Psychologues*, n.º 296, abril de 2012, y P. Hachet, *Le Mensonge indispensable. Du traumatisme social au mythe*, París, L'Harmattan, 2009.

24. N. Zajde, *Les Enfants cachés en France*, París, Odile Jacob, 2012, p. 14.

25. Rabelais, *Cuarto libro de Pantagruel*, Madrid, Cátedra, 2011, pp. 338-343.

26. Ana Frank escribió su diario entre junio de 1942, fecha en que se escondió con su familia, y agosto de 1944, cuando fue arrestada por la Gestapo.

27. P. Levi, *Si c'est un homme*, París, Presses Pocket, 1988 (hay trad. cast.: *Si esto es un hombre*, Barcelona, Muchnik, 1998; 1.ª edición italiana, 1947).

28. G. Bensoussan, J.-M. Dreyfus, E. Husson y J. Kotek, eds., *Dictionnaire de la Shoah*, ed. cit., pp. 309-311.

29. Serge Klarsfeld, abogado, vicepresidente de la Asociación de Hijos e Hijas de los Deportados Judíos de Francia.

30. M. Slitinsky, *L'Affaire Papon*, París, Alain Moreau, 1983, p. 137.

31. R. Waintrater, «Ouvrir les images. Les dangers du témoignage», en J. Ménéchal *et. al.*, *Le Risque de l'étranger. Soin psychique et politique*, París, Dunod, 1999.

32. B. Poirot-Delpech, *Papon: un crime de bureau*, París, Stock, 1998, p. 83.

33. El período comprendido entre mayo de 1981, fecha en que *Le Canard enchaîné* destapó la cuestión, y abril de 1998, fecha en que el tribunal condenó a Papon por complicidad en crímenes contra la humanidad, equivale casi a una generación, en cuyo transcurso la cultura ha cambiado.

34. S. Haffner, *Histoire d'un Allemand*, Arlés, Actes Sud, 2003.

35. P. Levi, *Si c'est un homme*, ed. cit., p. 262.

36. M. O. Baruch, «La culture d'un fonctionnaire est d'obéir sans se poser questions», *Le Monde*, 1 de octubre de 1997.

37. *Ibidem*.

38. Testimonio de Yvette Moch. Muchos prefectos enviaban las órdenes de redada con bastante anterioridad, de manera que había tiempo para prevenir a los judíos o a los resistentes. El primer prefecto musulmán de Francia, Chérif Mécheri, que se había negado a elaborar las listas de personas que debían ser detenidas, fue nombrado comendador de la Legión de Honor tras la Liberación. Ocupaba en Limoges el mismo cargo que Papon.

39. J. Marques, D. Paez y A. E. Serra, «Social sharing, emotional climat, and the transgenerational transmission of memories: The Portuguese colonial war», en J. W. Pennebaker, D. Paez y B. Rimé, eds., *Collective Memory of Political Events*, Nueva York/Londres, Psychology Press, 1997, p. 258.

40. M. Slitinsky, *L'Affaire Papon*, ed. cit., p. 131.

41. Instituto Yad-Vashem, «Loi sur la commémoration des Martyrs et Héros, Jérusalem (1953)», una comisión examina los expedientes de solicitud del título de Justo entre las Naciones.

42. Y. Mouchenik, *Ce n'est qu'un nom sur une liste, mais c'est mon cimetière*, Grenoble, La Pensée Sauvage, 2006.

43. Testimonios personales de su hijo y de su nieta, Valérie Blanché.

44. NIMH, Instituto Nacional de Salud Mental, San Diego, Estados Unidos.

45. Yvette Moch, carta, febrero de 2001.

46. Pierre Marty, Michel de M'Uzan, Christian David, Michel Fain, fundadores de la llamada escuela de psicosomática de París. Fueron los primeros en explicar que un defecto de mentalización provocaba un pensamiento operativo, sin fantasías ni afectos, que acaba provocando trastornos orgánicos.

47. N. Zajde, *Transmission du traumatisme chez les descendants de survivants juifs de l'Holocauste*, tesis doctoral, París-VIII, 22 de enero de 1993.

48. R. Terrisse, *La Milice à Bordeaux. La collaboration en uniforme*, Burdeos, Aubéron, 1997.

49. H. Epstein, *Le Traumatisme en héritage*, París, Gallimard, «Folio», 2010.

50. H. Welzer, *Les Exécuteurs. Des hommes normaux aux meurtriers de masse*, París, Gallimard, 2007.

51. Arthur Gobineau, con *L'Inégalité des races humaines*, y Édouard Drumont, con *La France juive*, desempeñaron un papel fundamental en el desarrollo del nacionalsocialismo alemán.

52. V. Klemperer, *LTI, la langue du IIIe Reich*, París, Albin Michel, 1996.

53. S. Giocanti, *Maurras. Le chaos et l'ordre*, París, Flammarion, 2008, p. 161 (hay trad. cast.: *Charles Maurras: el caos y el orden*, Barcelona, Acantilado, 2010).

54. O. Wieviorka, «L'épuration a-t-elle eu lieu?», *L'Histoire*, n.° 222, junio de 1998, pp. 81-82.

55. Sondeo Sofres-Libération, *Libération*, 24 de marzo de 1998.

56. J.-N. Jeanneney, *Le Passé dans le prétoire. L'historien, le juge et le journaliste*, París, Seuil, 1998.

57. Étienne de la Boétie [1549], *Discours de la servitude volontaire*, París, Flammarion, 1993 (hay trad. cast.: *El discurso de la servidumbre voluntaria*, Barcelona, Tusquets, 1980).